남겨진 말 없는 마음

남겨진 말 없는 마음
잃어버린 삶을 견디는 당신을 위한 가장 조용한 위로

초 판 1쇄 2025년 09월 09일

지은이 정지현
펴낸이 류종렬

펴낸곳 미다스북스
본부장 임종익
편집장 이다경, 김가영
디자인 윤가희, 임인영
책임진행 김요섭, 이예나, 안채원, 김은진

등록 2001년 3월 21일 제2001-000040호
주소 서울시 마포구 양화로 133 서교타워 711호
전화 02) 322-7802~3
팩스 02) 6007-1845
블로그 http://blog.naver.com/midasbooks
전자주소 midasbooks@hanmail.net
페이스북 https://www.facebook.com/midasbooks425
인스타그램 https://www.instagram.com/midasbooks

ⓒ 정지현, 미다스북스 2025, *Printed in Korea.*

ISBN 979-11-7355-489-6 03810

값 19,000원

※ 파본은 구입하신 서점에서 교환해드립니다.
※ 이 책에 실린 모든 콘텐츠는 미다스북스가 저작권자와의 계약에 따라 발행한 것이므로 인용하시거나 참고하실 경우 반드시 본사의 허락을 받으셔야 합니다.

미다스북스는 다음세대에게 필요한 지혜와 교양을 생각합니다.

잃어버린 삶을 견디는
당신을 위한
가장 조용한 위로

남겨진
말 없는 마음

정지현 지음

미다스북스

이 책을 읽기 전에, 당신의 마음을 적어 보세요.

잃어버린 삶 이후,
마음 한켠에 여전히 남겨진 감정이 있습니다.

아직 말하지 못한 마음을 적어 보세요.

나의 남겨진 말 없는 마음은 _____.

프롤로그

그때, 나는 아무 말도 할 수 없었다.

그 사람이 떠났다.
나는 가슴이 늘 먹먹한 사람이 되었다.

영원할 것이라 믿었던 관계들이 사라졌다.
나는 고독한 사람이 되었다.

하고 싶던 말, 듣고 싶던 말들이 흩어졌다.
나는 말 없는 사람이 되었다.

돈도 일자리도 한순간에 잃었다.
나는 작아지는 사람이 되었다.

집에 오면 반겨 주던 그 녀석을 잃었다.

나는 집에 있을 때가 가장 외로운 순간이 되었다.

귀중한 생명을 잃었다는 뉴스 속보를 보았다.
나는 사는 일이 점점 불안해지는 사람이 되었다.

오늘도 우리는 잃어버린 삶을 견디며 살아간다.
상실 앞에서, 누구나 말 없는 사람이 된다.

잃어버린 후, 말이 되지 못한 감정들

우리는 살아가며 많은 것을 얻지만, 그보다 많은 것을 잃어가며 살아간다. 인생은 어쩌면 '무엇을 가졌는가'보다, '무엇을 떠나보냈는가'로 더 오래 기억되는 여정인지도 모른다. 삶은 얻은 뒤에 찾아오는 잃어버림의 연속이다. 안타깝게도, 상실 뒤에 드리워진 감정과 일상을 어떻게 견디고 어떻게 회복해야 하는지 아무도 가르쳐 주지 않았다. 학교에서도, 사회에서도, 이것은 누구도 알려 주지 않았던 인생의 가장 어려운 과제였다.

나 역시 힘들게 투병 생활을 한 부모님을 일찍 떠나보내고, 멍하니 남겨진 자리에서 오랫동안 삶을 방황했다. 오랜 시간 동안 어떻게 살아야 할지 막막해졌다. 인생이 이등분된 것처럼 상실의 전후가 완전히 달라졌음을 체감했다. 한동안 입을 굳게 다문 채 아무 말도 할 수 없었다. '슬프다'라는 말도, '괜찮지 않다'라는 말도 꺼낼 수 없었다. 잃어버린 존재의 이름조차 입 밖에 내기 어려웠다. 누군가는 말 대신 등을 조용히 토닥였고, 또 누군가는 "힘내"라고 조심스레 말해 주었다. 하지만 다정한 말들조차도 그 순간에는 모두 멀게만 느껴졌다.

말은 자꾸만 가벼워지고 감정은 점점 더 무거워졌다. 그래서 나는 오랫동안 침묵했다. 그 침묵이 말이 되기까지 얼마나 많은 시간이 필요할지 그때는 알지 못했다. 무엇을 말해야 할지 몰라서가 아니라, 무엇을 말해도 아무것도 달라지지 않을 거라는 걸 이미 알고 있었기 때문이다. 그렇게 침묵은 일상이 되었고, 안에 고인 감정들은 말이 되지 못한 채 조용히 흐르고 있었다.

이 책은, 그때도 지금까지도 하지 못했던 '상실의 감정과 말에 관한 솔직한 이야기다. 소중한 존재의 죽음과 이별을 통해 비로소 마주한 우리 인생의 상실. 그리고 떠난 이와의 이별뿐 아니라, 남겨진 채 살아가며 맞닥뜨린 무수한 상실의 단편들을 나는 하나씩 되짚어 보았다.

  말이 되지 못했던 감정들,
  말하지 않아도 분명히 존재했던 마음들,
  침묵 끝에 조용히 피어나 언젠가 누군가에게 닿기를 바라는 마음으로 썼다.

  지금, 당신도 잃어버린 삶 속에서 아무 말도 할 수 없는 시간을 보내고 있다면,
  이 책이 당신을 대신해 말해 주는 조용한 언어가 되기를 바란다.

  조각난 마음들이 천천히 문장이 되어 당신을 다시 일으켜 줄 날이 오리라 믿는다.
  지금 당신 마음속에서 솟구치는 말 없는 문장이,
  또 다른 누군가에게도 조용한 위로가 되어 줄 것이다.

목차

✦

프롤로그　006

잃어버린 것들이 있나요? ─────────　失 실

상실을 품고 조용히 살아가는 삶의 단편들

사색1	잃어버린 짝 그래도 계속되는 삶	017
사색2	사라진 곳에서 피어나는 삶의 자리	022
사색3	그때는 지나갔지만 남아 있는 지금	027
사색4	쓸모를 잃고 선명해지는 존재감	032
사색5	몸은 부서져도 깨어나는 마음	037
사색6	말은 닿지 못해도 남겨진 사랑	042
사색7	사는 맛 잃어도 버티며 사는 힘	047
사색8	믿음이 멀어질수록 굳건해지는 마음	054
사색9	사라질 내일 대신 잘 지내는 오늘	059

思索章 사색장　잃어버린 퍼즐　064

사라진 자리에 어떤 마음이 있나요?

남겨진 곳에서 머물게 된 말 없는 마음

마음1	새처럼 날아가 버린 하루	069
마음2	어느새 낯설어진 익숙함	074
마음3	사라진 후 되돌릴 수 없는 시간	078
마음4	멈춰진 자리에서 흘러가는 세상	083
마음5	불쑥 찾아오는 그리움의 그림자	088
마음6	괜찮은 가면을 쓰고 벗는 일	093
마음7	이유를 묻지 않는 슬픔	098
마음8	울수록 마음은 웃게 되는 애도	103
마음9	죽고 싶지만 다시 살아지는 인생	108

心帖 **마음첩**   잃어버린 마음의 소리 113

꺼내지 못한 감정은
어떤 얼굴인가요?  잔

마음 깊은 곳에서 흔들리던 감정의 잔상

감정1	말을 잃을수록 먹먹한 마음 – 그리움	117
감정2	입을 다문 채 타오르는 불꽃 – 분노	124
감정3	자꾸만 외면하고 싶은 말 없는 저항 – 부정	132
감정4	비어 있는 의자에 앉은 그림자 – 외로움	139
감정5	무음으로 재생되는 오래된 영상 – 슬픔	147
감정6	발 없이 계단을 오르는 꿈 – 불안	154
감정7	되감기 버튼이 고장 난 기억 – 죄책감	161
감정8	낮과 밤이 뒤섞인 창문 – 무력감	167
감정9	텅 빈 거리에서 웃는 광대의 슬픔 – 공허함	175

感情盞 감정잔 잃어버린 감정 스케치   181

마음에 닿는 위로는
어떤 모습인가요?
남겨진 자에게 전하는 9가지 진심의 위로

 온

위로1	안쓰럽게도, 아무렇지도 않게 대하지 않을게	185
위로2	지겹도록 말해도 괜찮아, 언제든 들어 줄게	190
위로3	슬플 때마다 망설이지 말고 꺼내, 함께할게	195
위로4	잠시 아무 말 없이 토닥여줘도 될까	201
위로5	네 마음, 이제야 조금은 알 것 같아	205
위로6	힘들지? 많이 애쓰고 있어, 잘 버티고 있어	210
위로7	운이 없던 게 아니야, 그저 많이 다친 거야	215
위로8	괜찮지 않다고 말하는 것이 당연해	220
위로9	힘들텐데, 이렇게라도 말해줘서 고마워	224

慰勞篇 **위로편**   조용한 상실의 위로사전   228

다시 살게 하는 문장은 무엇인가요? 生 생

남은 삶을 이어가게 하는 단단한 회복의 말

문장1	아픔은 결국 단단해진다	233
문장2	많이 잃을수록 더 깊이 품은 것이다	239
문장3	무너진 게 아니라 잠시 웅크린 것이다	244
문장4	그냥 견디는 일, 이게 진짜 용기다	250
문장5	죽음이 스쳐간 자리에, 반짝이는 삶을 배운다	256
문장6	상실은 숨겨둔 강인함을 자라게 한다	262
문장7	혼자 같아도 상실은 모두의 이야기다	268
문장8	상실은 끝이 아니라 다시 걷는 이정표다	273

文章錄 문장록　다시 살게 하는 단단한 문장　　278

에필로그　279

작가의 편지　282

실

잃어버린 것들이 있나요?

상실을 품고 조용히 살아가는 삶의 단편들

"오늘을 잃는다면 내일은 영원히 도착하지 않는다.
그러니 내일 해가 뜨는 것보다 오늘 해가 비추는 것이 우선이다."

사색1

잃어버린 짝 그래도 계속되는 삶

"양말 한 짝이 어디 갔지?"

아침만 되면 양말 한 짝이 실종된다. 분명 두 짝을 세탁기에 넣고 빨았는데, 손에 잡히는 것은 늘 한 짝뿐이다. 심지어는 긴 양말 하나와 발목까지 오는 짧은 양말 하나만 남아 있을 때도 있다. 결국, 제대로 된 짝을 찾지 못해 짝짝이 양말을 신고 외출한 적도 있다. 신발은 제대로 신었지만, 어딘가 모양새가 어색해 보인다. 밥을 먹을 때 쓰는 젓가락도 마찬가지다. 한 짝이 사라지면 아무리 멀쩡해도 쓸 수가 없다. 젓가락처럼 같은 짝이 중요한 물건은 하나만 없어져도 사용하기 어렵다. 결국, 남은 젓가락은 서랍에 넣어두고 아예 다른 짝을 찾아 사용하게 된다. 물건의 경우, '짝'이나 '세트'라는 개념이 괜히 생긴 게 아니다. 함께 있을 때 더 온전하고 제 역할을 다할 수 있기 때문이다.

  중학교 때 전학을 간 적이 있다. 새로 들어간 교실에는 친구들이 두 명씩 짝을 지어 앉아 있었다. 나는 전학생이라 맨 뒷자리에 혼자 앉았다. 옆자리는 비어 있었다. 쉬는 시간이 되자 친구들은 짝꿍과 도란도란 이야기를 나누었다. 괜히 옆자리가 허전하고 어색해서 책상만 바라보았다. 영어 수업 시간에는 짝꿍과 함께 본문을 읽으며 영어로 대화하는 연습을 했다. 짝이 없는 나는 책을 혼자 읽을 수밖에 없었다. 그때 처음으로 짝꿍이 없다는 사실만으로도 조금은 불편해질 수 있다는 걸 느꼈다.

  우리는 일상에서 짝의 상실감과 동시에 '존재감'을 발견할 수 있다. 짝이라는 개념이 필수적인 것은 아니다. 하지만 짝이 있다는 것은 함께여서 의지할 수 있다는 뜻이기도 하다. 없으면 불편할 수 있고 아예 사라지면 불안해질 수 있는 존재이다. 삶은 짝의 균형 위에서 돌아간다. 신발 한 켤레, 수저 한 벌, 양손으로 들어 올리는 빨래 바구니, 서로 다른 온기를 품고 있던 두 개의 베개, 다정하게 맞잡은 손…. 우리는 언제나 '함께 존재하는 것들' 속에서 안정감을 느끼며 살아간다.

짝이 있다는 것은 단순히 '둘'이라는 수를 의미하지 않는다. 그 자체로 '균형'이고 '안심'이다. 서로가 서로에게 기댈 수 있는 든든함이다. 하나만 있을 때는 몰랐던 마음의 중심이 짝이 사라지는 순간 휘청이는 것을 느낀다. 무엇이든 짝으로 되어 있을 때 비로소 완성되는 느낌이 있다. 짝은 꼭 사람이 아닐 수도 있다. 익숙한 시간, 함께 나눈 취향, 매일 덮고 잤던 포근한 이불, 아침마다 과일주스를 건네던 엄마의 손길…. 이러한 모든 것들은 '마음의 짝'이 되어 우리 곁을 맴돈다. 그래서 어떤 짝은 잃은 줄도 모른 채 지내다가 문득 혼자 밥을 먹는 순간, 조용히 산책하는 순간, 마음 한 구석이 서늘해지며 잃어버린 마음을 확인하게 된다.

짝의 사라짐은 한쪽 마음이 기울어지는 것이다. 짝이 사라지면 익숙했던 일상의 리듬을 놓치게 된다. 나란히 걷던 길을 혼자 걷게 될 때, 두 사람이 웃던 이야기를 혼자 떠올릴 때, 적응된 장소를 떠나야 할 때, 아끼며 사용한 물건을 잃어버렸을 때…. 짝의 부재로 한쪽 마음이 기울어진다. 마치 신발 한 짝은 더 나아가지 못하고, 수저 하나는 밥상을 완성하지 못하는 모습이다. 홀로 허전함이라는 무게로 쏠릴 수 있고, 그리움의 무게감으로 흐느낄 수도 있다. 우리는 나름대로 그 부재를 견디고, 삶의 균형을 다시 세우기 위해 애쓴다. 하지만, 삶의 반쪽이 사라진 이후의 시간은 어느 날 문득, 일상을 무너뜨리고 살아갈 의미마저 흔들리게 할 만큼 깊은 허무를 남기기도 한다.

 반면에 짝의 상실은 곧 '회복을 준비하는 시간의 다른 이름'이기도 하다. 빈자리를 마주하는 일은 힘든 일이지만 그 틈에서 우리는 자신을 더 깊이 들여다보게 된다. 마음이 어떤 방향으로 기울어졌는지, 누구에게, 어떤 것에 얼마나 기댔는지를 알게 되는 순간을 만난다. 상실은 아픔이지만 동시에 지나온 시간을 발견하고 자신을 이해하는 계기가 된다. 다행히도 시간은 상실의 빈틈을 천천히 메워 주고 있다. 사라진 짝의 자리에 다른 존재가 들어오는 것이 아니라, 그 자리를 인정하고 품을 수 있는 마음이 조금씩 자라난다. 더는 짝이 없더라도 괜찮다고 말할 수 있을 때, 우리는 비로소 홀로 서는 힘을 얻을 수 있다. 기울었던 상실의 마음도 언젠가는 다시 일어서고, 일상의 균형 속으로 천천히 돌아가게 될 것이다. 짝이 함께하는 삶이 아름답듯, 짝을 잃고 다시 서는 삶도 충분히 의미 있고 빛날 수 있다.

"당신은 지금, 잃어버린 짝을 떠올리고 있는가?"

만약 그렇다면, 그 흔적을 천천히 들여다보면 좋겠다. 아쉬움과 슬픔이 밀려올 수도 있지만, 그 모든 것을 감싸고 있는 것은 결국 잃어버린 존재에 대한 '소중함'이다. 그러니 잃어버린 것에 미련을 두기보다, 함께했던 순간의 소중함에 더 마음을 두자. 남겨진 짝으로 살아가야 하는 삶을 더 세심하게 들여다보는 일이 우리의 몫일지 모른다. 그리고 우리는 언젠가 남겨진 한 짝이 될 수 있다는 사실을 늘 잊지 말아야 한다.

짝이 사라졌다고 해서, 당신마저 사라지는 것은 아니다. 여전히 당신은 '나'라는 이름으로 남겨진 삶을 살아갈 수 있다.

어젯밤, 당신의 애틋한 짝이 사라졌을지라도
오늘 아침, 소중한 당신의 삶은 어김없이 다시 찾아온다.

사색2

사라진 곳에서 피어나는 삶의 자리

뉴스 속 자막이 흘러나왔다.

"안동 대형 산불 발생. 온 마을 잿더미."

꺼지지 않은 채 새까맣게 그을린 대지의 장면은, 마치 어느 영화에서 본 것 같았다. 2025년 3월, 경북 의성에서 시작해 안동시, 영양, 청송, 영덕군 등 북동부권을 휩쓴 초대형 산불 소식이었다. 긴급한 재해 뉴스는 화면 너머로도 뜨거운 냄새를 전하는 듯했다. 마을에 살던 주민들은 순식간에 삶의 터전을 잃었다. 거주하던 집뿐 아니라 평생을 일구어 온 농가들까지 모두 시커먼 재가 되었다. 삶의 공간이 눈앞에서 무너졌고 많은 사람의 마음도 검게 타들어 갔다. 현장에 있지 않았지만, 실시간 속보 화면만으로도 마음이 허망했고 안타까웠다. 인터뷰에 응한 주민들은 망연자실한 모습 그대로였다. 산불로 인해 사는 공간이 사라진 것보다 더 큰 상실은 아마도 주민들의 '시간'일 것이다. 그들이 기억하고 있던 어린 시절, 가족과 함께 머물던 현재, 피땀 흘려 살아온 노동의 시간. 이 모든 시간이 한순간에 사라졌다.

그곳이 있음에도 내가 닿을 수 없을 때, 사람은 가장 깊은 상실감을 느낀다. 공간의 상실은 단지 집이 사라지는 일이 아니다. 삶을 구성하던 질서가 무너지고, 시간의 축이 끊기며, 감정의 뿌리가 뽑히는 일이다. 그곳은 그대로인데 붙들고 있던 삶은 멀어져 버린다. 낯설게 느껴지는 자리에서 마음 아린 그리움만 길어지는 것이다.

나에게도 사라졌지만 그대로인 공간이 있다. 아버지, 어머니, 그리고 남동생과 함께 살아온 동네다. 경기도 부천이라는 지역에서 오랜 시간을 살아왔다. 중학교 때부터 결혼 전까지 살았던 내 인생이 담긴 곳이다. 같은 지역에서 다른 아파트 단지로 한 번 이사했다. 새집은 어머니가 돌아가시기 전까지 머무셨던 곳이자 나에게도 신혼집보다 익숙한 공간이었다. 거기서 어머니와 남동생, 나는 서로를 의지하며 살았다. 어머니는 집을 무척 좋아하셨다. 집에서 함께 음식을 해 먹고, TV를 보며 수다를 떨기도 하며, 각자의 방에서 편히 쉬기도 했다. 집 비밀번호를 누르고 들어가면 언제나 어머니가 계셨다. 회사에서 일찍 퇴근하는 날이면, 어머니가 차려주신 집밥을 먹는 것이 나의 익숙한 행복이었다. 엘리베이터에서 내리면 복도까지 퍼지는 어머니의 저녁 냄새가 지친 나를 반겨주곤 했다. 집 안은 늘 따뜻하고 안락했다. 그러던 그곳이 이제는 사라졌다. 어머니가 돌아가신 후, 한동안 부천에 가지 않았다. 어머니와 친했던 동네의 지인분이 가끔 안부 전화를 하신다. 그럴 때마다 한 번쯤 찾아뵈야겠다는 생각이 들지만, 이상하게도 발길이 쉽게 닿지 않는다. 아마 그 동네를 가면, 어머니의 부재를 뼈저리게 실감하게 될 것 같았다. 쓰라린 그리움을 마주할 용기가 없었다.

　어머니의 유품을 정리하러 일주일에 두세 번씩 집에 간 적이 있다. 아무도 없는 빈집에 들어가 홀로 유품을 정리하는 일은 세상에서 가장 고통스러운 일이었다. 텅 빈 안방에서 미친 사람처럼 울었고, 넋이 나간 채로 집을 나서곤 했다.

　'엄마의 글씨체는 여전히 귀엽네.'

어머니가 쓴 시장 목록 쪽지를 발견했다. 대파, 쪽파, 우유…. 어머니는 시장에 가기 전 늘 메모장에 귀여운 글씨를 남기셨다. 쪽지 속 글씨는 마치 어머니가 살아 계신 것처럼 움직이는 듯했다. 어머니가 자주 머무르던 주방에 서성이며 한참을 울었다. 사라진 자리에서 잃어버린 사람의 흔적을 발견하는 일은 무척 힘든 일이었다. 그곳은 그대로였지만 더는 머물 수 없게 되었다.

잃어버린 자리에서 우리는 마음속으로 이렇게 묻는다.
'그곳이 없어진 지금, 나는 어디로 가야 하는 걸까?'
공간을 잃는 상실은 자신을 허공에 띄운다. 동시에 '나는 이제 어디에 존재할 수 있을까'라는 물음을 품게 한다. 결국, 회복은 그 질문에서 시작된다. 다시 살아갈 수 있는 공간을 마음속에 조심스럽게 그리는 것이다. 무너진 집 위에 같은 구조를 지으려는 것이 아니라, 잿더미 위에 새로운 삶의 온도를 조용히 지피는 것이다. 예전처럼 되살아나지 않더라도 기억 속에서 더없이 소중한 만큼, 삶의 장소를 다시 찾아가고 싶어질 수 있다.

누구에게나 잃어버린 곳은 잊을 수 없는 공간이 된다. 그곳은 그대로 남아 있지만, 그곳에서 점점 멀어지는 사람은 바로 나 자신이다. 하지만 멀어진 만큼 시간 속의 아픔도 서서히 희미해질 것이다.

우리는 사라진 자리 위에 언제든지
새로운 삶의 공간을 심을 수 있다.

사색3

그때는 지나갔지만 남아 있는 지금

  30대인 아이 엄마도, 50이 넘어 이른 은퇴를 앞둔 아빠도, 70대지만 디지털 공부를 시작한 할머니도 부러워하는 것이 있다. 바로 '젊음'이다. 모든 사람은 삶과 죽음 앞에서 공평하다. 젊음을 지나 어른이 되고, 삶의 후반을 맞이하는 것은 누구나 피할 수 없는 이치다. 젊음은 다시 돌아오지 않는다. 그래서 "지금이 가장 젊을 때다."라는 말을 상기하며, 주어진 하루를 더 알차게 살아가려 한다.

  나이가 들면서 좋아하게 된 취미가 하나 있다. 바로 걸그룹의 노래를 들으며 무대를 보는 것이다. 그들의 세련된 음악보다 눈길을 끄는 것이 있다. 바로 '생기' 있는 아우라다. 아줌마가 되어서 걸그룹 무대를 챙겨보는 것이 주책처럼 느껴질 때도 있다. 하지만 그들을 보고 있으면 밝고 생동감 넘치는 에너지가 좋다. 축 처져 있는 어깨가 브레이크댄싱을 출 지경이다. 그들의 순수한 표정, 맑고 투명한 피부, 예쁜 몸매는 실력만큼이나 경이롭다. 같은 여자가 봐도 부러움을 넘어 감탄이 나온다.

그에 비해 축 늘어진 뱃살, 후덕해진 턱선, 반갑지 않은 새치를 가진 지금의 내 모습은 그들의 후광과 대비되어 괴리감을 느끼게 한다. 그들을 보며 자연스레 나의 유년 시절을 떠올리곤 한다. 군대 이야기, 어릴 적 놀던 이야기들은 예전 소줏집 아저씨들만 찾는 단골 소재인 줄 알았다. 하지만 지금은 아저씨들 못지않게 과거의 순간들을 소환하며 즐겁게 떠들 때가 있다. 첫 대학교 축제 때의 공기, 미팅 때 설렜던 분위기, 떨리던 면접, 처음 만났던 사람들…. 모든 것이 어리숙하고 당연하게 여겨졌던 시절이 있었다. 하지만 시간이 흐른 지금, 그 시절을 떠올릴 때마다 마음 한쪽이 아릿하다. 찬란한 젊음의 햇살 아래 성장통을 겪던 그때는 점점 희미해져 갔다. 잃어버린 젊음이 일상 속에서 문득 소환될 때마다 그 시절의 애틋함은 더 짙어진다.

다비드 칼리의 그림책 『나는 기다립니다』는 삶의 순간마다 찾아오는 기다림을 담담하게 풀어낸 작품이다. 어린 시절의 소소한 기다림부터 사랑, 전쟁, 결혼, 죽음까지, 한 인간의 일생을 꿰뚫는 다양한 기다림이 짧고 간결한 문장 속에 담겨 있다.

"나는 다시 어린 시절로 돌아가기를 기다립니다."

나 또한 이 기다림의 언어 속에서 나의 희망을 적어두었다. 그리고 젊음은 지나간 뒤에야 그 시절이 얼마나 특별했는지 실감하게 되었다. 어떤 기준을 떠나 젊음은 세상의 모든 것이 반갑고 흥미로운 순수한 시절임이 분명하다. 그런 젊음이 지금 사라지고 있다.

젊음이 사라진다는 것은 단지 생일 초의 숫자가 늘어난다는 뜻이 아니다. '처음'이 점점 줄어드는 것이다. 처음 연애하던 날, 처음 밤을 새우던 날, 처음 실패에 울던 기억…. 모든 처음이 젊음의 시절을 반짝이게 했다. 그때는 처음들이 유일하고 다시는 돌아오지 않는 순간이었다는 것을 몰랐다. 늘 '또 다른 처음'이 있을 거라 믿었다. 언제든 다시 시작할 수 있을 거라 생각했다. 하지만 이제는 '다시'와 '또'라는 말이 일상의 앞자리를 차지한다. 다시 만나는 사람, 또 반복되는 하루, 다시 시작하는 마음…. 어느새 우리는 젊음을 잃으며 모든 '처음'을 조금씩 놓아 보낸다. 동시에 그 처음들을 마음 깊이 새겨 넣는다. 어쩌면 우리는 젊음을 잃으며 기억을 얻는 것인지도 모른다. 그때의 떨림, 망설임, 눈물과 웃음…. 모든 처음이 지금의 우리를 만든 내면의 조각이었다. 그때는 다시 오지 않지만, 그것을 기억하는 마음은 언제든 새로울 수 있다. 떠나간 시절의 '처음'을 기억하며 우리는 지금, 이 순간을 더 정성껏 살아갈 수 있다.

세 돌을 맞은 아이의 사진을 남기기 위해 카메라를 바쁘게 들던 어느 날이었다. 찍은 사진을 보다가 아이의 첫돌 사진까지 보게 되었다. 막 걷기 시작하던 시절의 사진과 영상 속에 또 다른 아기가 있었다.

"이때가 진짜 어리긴 했다."

지금도 어린 딸 앞에 그보다 더 어린 딸이 있었다. 인생에서 첫걸음마를 떼던 영광스러운 순간의 장면을 함께한 부모가 있었다. 모든 시간이 지나고 나니 하나하나가 더할 나위 없이 소중한 인생 조각이 되었다. '이 아이는 언제쯤 클까'라는 생각에 가끔 잠기곤 했지만, 그건 부질없는 걱정이라는 것을 조금씩 배우고 있다. 놓치지 말아야 할 성장의 과정 앞에서 조급해할 필요가 없다는 것을 아이는 조용히 가르쳐주고 있었다. 아이의 어린 시절이 그렇게 지나가고, 가장 젊었던 부모의 시간도 그렇게 흘러간다.

그때의 처음은 다시 오지 않는다. 그래서 우리는 지금을 살아야 한다.
지금, 이 순간도 언젠가는 다시 오지 않을 '그때'가 되어 있을 것이다.

다시 오지 않기에, 지금을 놓칠 수 없다.
다시 오지 않기에, 우리가 할 수 있는 최선은
이 시간을 진심으로 살아 내는 일뿐이다.

사색4

쓸모를 잃고 선명해지는 존재감

"현대인은 직업이 곧 존재 이유가 되는 시대를 살고 있다.
일을 잃는다는 건, 정체성 일부를 잃는다는 의미다."

철학자 알랭 드 보통의 말이다. '일'이라는 한 글자가 '삶'의 질과 결을 달라지게 할 수 있다. 일을 수행하고 감당하는 과정에 '나'라는 존재가 담겨 있다. 일의 존재는 곧 나의 존재라는 개념이 성립할 정도로 요즘 사람들에게 일은 중요한 의미를 지닌다. 사람들이 생각하는 일의 목적과 존재에는 무엇이 있을까. 먼저, 돈을 벌어서 하고 싶은 것을 충족하기 위한 보편적 욕구가 있다. 오랜 시간 경험을 쌓아 전문적인 경력을 축적하고 명예를 얻기 위함도 있다. 생산적인 일이 만들어 내는 결과물을 통해 삶의 동기부여를 얻기도 한다. 그뿐만 아니라 일에는 인정이 뒤따른다. 일하면서 얻게 된 성과에 따라 인정을 받는다. 성공적인 결과물이 많은 사람은 만족하며 능력을 인정받는다. 그 인정은 타인으로부터 받는 것과 자신을 인정하는 것으로 나뉜다. 타인이든 자신이든 인정받은 사람은 언제 어디서든 필요한 사람이 된다. 누군가에게 꼭 필요한 사람이라는 뜻이다. 필요를 충족시키기 위해 각자의 쓸모를 발휘한다. 만약에 아무도 자신을 불러 주지 않고 찾지 않을 때, 이런 생각에 빠질 수 있다.

'이제 나는 쓸모가 없구나.'

쓸모가 없어진다고 느껴질 때, 나라는 사람의 중심이 흔들리기 시작한다. 중심이 무너지는 순간에야 비로소 자신을 마주한다. 지금 내가 어떤 위치에 서 있는지, 어디쯤 와 있는지를 새삼 돌아보게 된다. 역할이 사라진 자리에는 '쓸모없음'이라는 말이 가장 먼저 떠오른다.

회사를 나와 아이만 키우다 보니 자연스럽게 사회생활과 거리가 멀어졌다. 소액이라도 돈은 벌어야 했고 일이라는 끈은 놓치고 싶지 않았다. 육아로 인한 시간 제약 속에서 가능한 일자리를 찾는 것은 생각보다 훨씬 어려운 일이었다. 더는 지난 경력을 이어가며 조직 생활을 유지하는 것이 힘들어졌다. 오랜만에 이력서를 업데이트하면서 나와 세상 사이의 거리감이 크게 느껴졌다.

'결국, 이렇게 살 거면 회사는 왜 다녔고 학위는 왜 땄던 걸까.'

한때는 스펙을 쌓으며 누군가에게 꼭 필요한 사람이 되고 싶었다. 실제로 나의 쓰임이 분명했던 시간도 있었다. 하지만 시간이 지나고 내 이름표가 사라진 순간, 세상은 조용해졌다. 외부와의 연락은 점점 줄어들었고 관계는 서서히 좁아졌다. 그때 처음으로, '나는 아무 쓸모없는 사람일지도 모른다.'라는 생각에 깊이 사로잡혔다.

'쓸모'라는 단어는 사람을 단정 짓기도 하고, 때로는 초라하게 만들기도 한다. 누군가에게 필요하다는 것은 분명 커다란 위안이 된다. 하지만 그 필요가 사라지는 순간, 나라는 사람마저 함께 흐려지는 기분이 든다. 이미 지나간 자리, 잃어버린 시간 앞에 서면 사람들을 붙잡고 이렇게 묻고 싶어진다.

"여전히 저는 필요한 사람이 될 수 있을까요?"

쓸모를 잃었다는 감정은 자존감을 깊은 바닥까지 끌어내렸다. 아무도 나를 찾지 않던 시간은 생각보다 차가웠다. 세상은 높고 멀게만 느껴졌고, 나는 점점 작아지기만 했다. 무기력은 하루아침에 스며들었고, 삶은 막연한 두려움으로 덮여갔다. 그럴 때, 사람들은 이렇게 말하기도 했다.

"다들 겪는 시기야."
"조급히 생각하지 마."

 전부 틀린 말들은 아니지만 깊은 속사정을 모르는 것처럼 멀게만 느껴졌다. 그때, 마음 깊은 곳에 자리 잡고 있던 '나는 늘 필요한 사람일 것'이라는 오만함의 감정을 처음으로 마주했다. 그리고 '나'라는 사람을 진지하게 생각하게 되었다. 그리고 내가 있는 자리를 제대로 바라볼 수 있는 시간을 갖게 되었다. 당장 누군가에게 불리지 않아도, 눈에 띄는 활동이 크게 없어도 나의 자리가 무엇인지 묻는 것이다. 어디에 필요한지를 고민하기보다, 이제는 나로서 머물 수 있는 자리에 집중하는 중이다. 존재 자체로 나의 자리에서 살아갈 이유, 나로 있을 이유를 지금도 조용히 되뇌고 있다. 그 안에서 천천히, '나'라는 정체성이 자리를 잡아가길 희망한다. '쓸모'라는 말 속에는 늘 '증명'의 부담감이 숨어 있다. 이제는 굳이 누군가에게 증명하지 않아도, 어떤 기준에 맞추지 않아도, 우리는 충분히 '나'로 살아갈 수 있다. 쓸모를 잃었다고 느낀 순간, 타인의 시선에서 벗어나 오히려 내 마음의 중심으로 돌아올 기회가 될 것이다.

쓸모가 사라진다는 것은,
어쩌면 내가 더 선명해지고 있다는 뜻이다.

어느 자리에 있든, 어떤 모습이든,
당신은 당신만의 방식으로 빛날 수 있다.

사색 5

몸은 부서져도 깨어나는 마음

누구나 한 번쯤은 몸이 보내는 신호를 무시한 채 살아 본 적이 있다. 아파도 참고 지쳐도 견딘다. 눈앞의 일들을 감당하느라 정작 나 자신을 놓쳐버린 순간들이 얼마나 많았는지 모른다. 그렇게 시간을 보내다 보면 결국 몸은 자신을 멈춰 세운다. '이제 그만하자'라는 조용한 경고를 내린다.

괜찮을 거라는 안일함은 일상을 무너뜨리고, 평범했던 하루는 어느새 되돌릴 수 없는 고통으로 바뀌어 버린다. 부모님을 병으로 떠나보낸 뒤, 나는 무리하는 삶을 경계했다. 몸의 에너지를 아껴 쓰며 조심스레 살아가려 애썼지만, 여전히 쉴 수 없는 일정과 감정의 소모는 삶의 곳곳에 도사리고 있었다. 그럴 때면 목부터 어깨까지 뻐근함이 밀려오고, 몸살처럼 몸 상태가 무너져 내렸다. 이런 증상을 느끼면서도,

"그래도 해야지", "조금만 더 버티자"라는 생각이 늘 먼저 앞선다. 결국, 다시 몸을 외면한 채 자신을 혹사한다.

삶에서 정신이 번쩍 드는 순간이 있다면 병원 신세를 질 때일 것이다. 건강검진 후 재검사 통보를 받을 때는 후회와 불안에 갇힌 순간이다. 몸이 아프면 일상은 멈춘다. 너무도 당연했던 것들이 하나씩 사라진다. 하고 싶었던 일들과 멀어지고 결국, 아무것도 할 수 없는 사람이 된다.

어머니의 췌장암 진단서를 받던 날, 나는 몸과 함께 마음도 잃어버린 기분이었다. 활기차게 걷고, 무리 없이 소화하고, 먹고 싶은 걸 자유롭게 먹는 일. 그 모든 것들이 얼마나 감사한 순간이었는지를 그제야 실감했다. 몸의 상실은 단순히 기능이 멈추는 일이 아니다. 삶의 균형이 흔들리며 무너지는 시간이다.

"엄마, 이모라도 오라고 할까?"

항암 치료 중이던 어느 날, 어머니의 상태가 조금 나아 보여 말했다. 누군가와 잠시 대화를 나누면 기분이 전환되지 않을까 싶었던 마음에서였다. 예전 같은 일상을 어머니에게 선물하고 싶었다.

"됐어…."

 짧은 대답, 무표정한 얼굴을 보자마자 나는 더는 묻지 않았다. 어머니는 내성적인 성격을 버려야 병을 이겨낼 수 있다는 주변인의 말에 귀를 닫았다. 아플수록 사람을 만나고 감정을 털어 내야 한다는 말이 있다. 하지만 그게 전부는 아니었다. 어머니와 나는 누군가의 지나친 관심조차 피하고 싶을 때가 많았다. 몸이 무너질수록, 마음도 그 안에서 함께 무너져갔다. 어머니는 병 속에서 깊은 고립에 빠져 있었다. 나 역시 체력 고갈과 심적인 부담으로 매일 지쳐갔다. 한동안 세상과 멀어져 살았고, 누군가의 걱정조차 불편하게 느껴졌다. 감정은 무뎌졌고 웃음은 사라졌다. 마음은 몸보다 더 먼저 조용하게 무너져갔다.
 몸이 아프고 나면 감정이 보이기 시작한다. 묻어 두었던 마음들이 쏟아져 나온다. 열심히 살아왔건만 아프게 된 억울함, 무리하게 살아온 자신에 대한 자책, 아무것도 할 수 없는 현실 앞에서 오는 무력감. 이런 감정들은 쉽게 가라앉기 힘들다. 그러나 감정들을 억누르지 않고 있는 그대로 받아들일 때, 아픔이 낫게 되는 시작이 된다. 몸이 먼저 멈추면 마음이 비로소 말할 수 있다. 모든 아픔의 화살은 결국 마음에 꽂힌다. 그제야 우리는 아팠던 마음을 꺼내 읽을 수 있다. 그리고 천천히 회복의 방향을 찾게 된다.

영화 〈파도가 지나간 자리〉에서 주인공이 큰 상실을 겪고 고요한 바다 앞에서 자신을 용서하며 삶을 다시 받아들이는 장면이 나온다. 제대로 된 회복은 거창하지 않다. 다시 숨을 쉬는 일, 다시 하루를 살아 내는 것이다. 회복이란 되돌리는 일이 아니다. 회복은 새로운 방식으로 삶을 다시 써 내려가는 일이기도 하다. 아프기 전에는 몰랐던 몸의 고마움, 힘든 마음을 그냥 넘기지 않는 습관, 평범한 일상의 선물을 되새기는 모든 순간을 맞이하는 것이다. 몸이 보내는 신호에 귀를 기울이고, 신호를 받은 마음 안에서 가능한 것을 하나씩 해 나간다. 우리는 건강을 잃을 때마다, 잊고 있던 마음의 언어를 다시 읽게 된다.

몸이 멈춘 자리에 마음이 피어나고,
마음이 깨어난 자리에 삶이 다시 열린다.

마음이 깨어나면, 다시 살아야겠다는 생각이 들기 시작한다.
우리는 가장 약하고 아픈 순간에 다시 살아나는 법을
알게 된다.

사색6

말은 닿지 못해도 남겨진 사랑

　우리는 말해야 할 순간을 자주 놓친다. 전하고 싶었던 말은 미루다 끝내 묻히고, 표현은 마음속에서만 맴돌다 사라진다. 어떤 말은 너무 늦게 도착하고, 또 어떤 감정은 도착조차 못 한 채 멈춰 버린다. 어쩌면 우리는 의도하지 않은 침묵을 지키며 살아가는지도 모른다. 차마 하지 못한 말들은 모호한 상실로 남는다. 완전히 사라진 것도, 뚜렷이 남은 것도 아닌 채로 남는 것이다. 어딘가에 품고 있던 감정의 말들이 문득 상실의 파도처럼 밀려올 때가 있다. 두서없는 말도 잘 들어 줘서 고맙다고 전하지 못한 후회, 마음과 다르게 무뚝뚝하게만 굴었던 못난 사랑, 미처 풀지 못한 서운함, 죽을 만큼 힘들었다는 고백, 꼭 한번은 꺼내 보이고 싶었던 다정한 마음들…. 말이 되지 못하고 남은 감정들은 때론 상처보다 오래 마음에 남는다.

"아버지, 많이 힘드셨죠? 고맙습니다. 그리고 존경합니다."

　나는 이 말을 끝내 아버지에게 하지 못한 채 헤어졌다. 어릴 적에 아버지가 왜 그렇게 일에만 몰두했는지 몰랐다. 무엇이 그리 바빠 가족과 대화를 나누지 못했는지 이해하지 못했다. 퇴근 후 돌아온 아버지의 얼굴은 늘 굳어 있었다. 언제부턴가 나는 아버지의 표정을 살피는 눈치를 배웠다. 그 시절, 지친 아버지를 마주하는 일은 어딘가 불편했다.

"밥은 먹었고?"

　성대에서 겨우 끌어낸 듯한 낮은 목소리였다. 그놈의 '밥'이 뭐길래 아버지는 매일 같은 질문만 했다. 그리고 그 이상은 묻지 않으셨다. 지금 생각하면, 자식이 늘 배고플까 봐 가장 걱정스러운 아버지의 사랑이었다. 내가 아이를 낳고 부모가 되어 보니, 아버지의 지난 모습이 선명하게 떠오른다. 어느 날, 지쳐 돌아온 남편의 얼굴에서 아버지가 보였다. 세상의 무게를 한꺼번에 짊어진 사람처럼, 남편이 힘없이 물었다.

"밥은 잘 챙겨 먹었지?"

30년 전, 아버지가 나에게 묻던 목소리였다. 그 무렵, 바쁜 일상에 자주 지친 남편에게 서운함이 싸일 때였다. 이상하게도 그날은 마음 깊은 곳에서 애잔함이 스며들었다. 예전 같았으면 불편한 마음을 말로 드러냈을 것이다. 하지만 나는 아무 말도 하지 않았다. 조용히 아이가 자는 방으로 들어가 침대에 누웠다. 어떤 말 대신, 남편이 혼자 쉴 수 있는 여유를 주고 싶었다. 어쩌면 남편은 지친 하루 속에서도 "밥은 먹었지?"라는 말 한마디로 자신의 마음을 전하며, 나에게 안부를 건네고 있었는지도 모른다. 그 모습이 아버지와 참 많이 닮아 있었다.

14살의 나는 무뚝뚝한 아버지를 이해하고 싶지 않았다. 그저 멀고, 불편하고, 서운한 존재였다. 사춘기의 나는 아버지의 마음을 받아낼 여유가 없었다. 44살이 된 지금, 나는 아버지에게, 그리고 남편에게 이렇게 말하고 싶다.

"오늘 점심은 잘 챙긴 거죠?"

생각해 보면, 아버지와 남편은 나에게 늘 짧은 관심을 건넸다. 아버지가 밥을 걱정하며 물었던 한마디에 사랑이 숨어 있었다. 남편이 일 도중 전화한 통화 건너의 첫마디에도 애정이 담겨 있었다. 그들의 조용한 말 속에 숨어 있던 깊은 사랑을 나는 너무 늦게 알아차렸다. 그토록 무감각하게만 느껴졌던 밥 인사를 이제는 자주 듣고 싶고 나 역시 자주 건네고 싶다. 그동안 미처 하지 못한 말들을 마음속에서 천천히 꺼내 보는 중이다.

말은 쉽게 잊히지 않는다. 하지만 말하지 못한 감정은 오래도록 가슴에 남는다. 가끔 우리는 이런 생각을 한다. '그때, 그 말을 했더라면 무엇이 달라졌을까?' 말 한마디로 서로를 조금 더 끈끈하게 묶을 수 있었을까. 아니면, 여전히 미적지근한 관계로 남게 했을까. 정답은 어디에도 없다. 분명한 것은 전하지 못한 말들 속에도 사랑은 머물러 있었다는 것이다. 사랑은 때때로, 늦은 깨달음으로 우리를 더 다정한 사람으로 만든다. 우리는 결국, 그때 하지 못한 말을 오늘의 용기로 건넬 수 있다.

"아버지, 그곳에서도 여전히 밥은 잘 챙겨 들고 계시죠?"

말하지 못한 사랑은 사라지지 않는다.
다만, 조금 늦었을 뿐이다.
당신이 미처 꺼내지 못한 마음이
어디에서라도 닿을 수 있기를 바란다.

사색7

사는 맛은 잃어도 버티며 사는 힘

　인생에는 '살맛 난다.'라는 표현이 있다. 사전적으로는 '세상을 살아가는 재미를 느낀다.'라는 뜻이다. 여기에는 단순한 재미를 넘어서 삶의 의욕, 감각의 기쁨까지 담겨 있다. 삶이 고단하고 마음이 무뎌질수록 이 표현은 점점 낯설어진다. 하루하루를 버틴다는 느낌만 남을 때, '살맛 난다.'라는 말은 멀리 있는 사람들만의 이야기처럼 느껴진다. 안타까운 사실은, 예전보다 사는 즐거움을 느끼는 빈도수가 점점 줄어들고 있다는 것이다. 눈을 뜨고 주어진 시간을 보낸 뒤 침대에 눕는다. 딱히 슬픈 일도 화나는 일도 없다. 밝은 표정으로 사람들과 인사를 나누고, 일도 제법 잘 마무리된다. 오늘따라 아이도 무탈하게 잘 놀고 투정도 크게 없다. 가족과 함께 오랜만에 앉아 식사도 한다. 겉으로 보기에는 아무 문제 없는 하루다. 삶에 아무 일도 일어나지 않는데도, 감정이 깃들 틈이 없다. 크게 기쁘지도 우울하지도 않다. 그저 '아무렇지 않다'라는 상태가 계속된다. 별일 없는 하루가 반복되는데, 이상하게도 삶이 조금씩 흘러내리는 느낌이다. 그야말로 '사는 맛'이 희미해진 것이다. 어느 순간부터 살아 있다는 감각이 둔해지고, 심장이 쿵쿵 뛰는 순간이 줄어들었다. 그러고 보니, 웃는 날이 많아져도 웃는 이유는 흐릿해졌고, 눈물은 마른 듯한데 마음은 자꾸만 말라갔다.

한때는 사는 맛을 느끼며 지낸 적도 있다. 아침에 들린 커피숍에서 맡은 갓 내린 커피의 향으로 기분이 설렜다. 사람들과 만날 때는 설레는 가슴이 먼저 깨어났다. 누가 시키지 않아도 스스로 찾아서 새로운 것에 도전하는 열정을 즐겼다. 저녁이면 포근한 불빛 아래 흘러나오는 음악에 몸이 녹았다. 누군가와 나눈 따뜻한 말 한마디, 계절이 주는 작은 변화에도 마음이 반응했다. 그렇게 사는 것이 '즐거운 맛'이었다. 감각으로 살아 있는 순간들이었다. 하지만 어느 날부터, 모든 것이 조금씩 무뎌지기 시작했다. 계절이 바뀌는지 날씨가 어떤지 살피지 않고 고개를 떨군 채 지낸다. 음악은 배경 소음처럼 흘러간다. 대화는 공허한 메아리처럼 들리고 가슴에 남지 않았다. 누군가의 근황을 듣는 순간조차 반가움보다 묘한 우울함이 앞설 때도 있다. 사는 게 재미없다는 말조차 진부하게 느껴질 만큼, 무미건조하고 냉담한 마음의 하루들이 이어졌다. 감각은 바래고 무채색의 시간이 흘러가고 있다.

'뭐가 그렇게 힘들고 우울한 거야. 조금 더 씩씩하고 즐겁게 살 수는 없는 거야?'

나조차 이해하지 못하는 감정으로 사는 맛이 더는 느껴지지 않았다. 사는 맛은 무언가가 닿았을 때 즉각적으로 반응하는 감각이다. 삶에 입혀진 향기이자 색채, 마음에 번지는 감정과도 같다. 사는 맛을 잃었을 때, 감각이 둔해지기 시작한다. 사는 맛이 희미해질 때, 그것은 종종 예민함으로 드러날 때도 있다. 마치 자신을 방어하기 위해 가시만 뻗칠 준비를 하는 것이다. 유연한 마음을 잃고 사소한 것에 심각해지는 병을 얻기도 한다. 이런 상태가 되면 사는 즐거움은 상실한 채, 사는 의미마저 잃어버릴 수 있다.

이토록 사는 맛을 잘 못 느끼는 이유는 무엇일까. 다양하게 추측할 수 있는 원인 중 하나가 있다. 바로 즉각적인 쾌감을 추구하려는 욕구에 집중되어 있기 때문이다. 예를 들어, 밤 9시가 넘을 때 입에서 부르는 기름진 치킨, 듣고 싶은 말에만 개방하는 귀, 하고 싶지는 않고 받고만 싶은 인정, 기다림보다 앞서가는 기대감, 남들보다 빨리 올라가서 짓고 싶은 부동산, 명예건물 등이 있다. 이러한 것들이 충족되지 못할 때 사는 맛이 없어진 기분에 휩싸이게 되는 것이다.

그런데도 고개가 끄덕여지는 강력한 사는 맛이 있다. 바로 자식을 키우고 함께하는 행복감이다. 부모님 세대들이 자주 하는 말이 있다.

"내가 사는 낙이 뭐가 있니. 손주 보는 재미로 사는 거지."

나 역시, 아이를 낳고 키우면서 신기한 즐거움을 발견했다. 온몸이 부서질 정도로 피곤하고 힘든데, 희미한 웃음이 나는 순간을 자주 만나게 되었다. 아이가 좋아하는 바나나 인형이 있다. 인형에는 웃는 표정이 그려져 있다. 어느 날 정신없이 설거지하는데, 아이의 까르륵대는 웃음소리가 연신 들렸다. 바닥에 누워서 손에 바나나 인형을 보면서 그냥 웃고 있다. 아이의 웃음 속에선 '까르르 까르륵'이라는 글자가 튀어나올 듯 선명했다. 아이의 웃음을 듣는데 나도 웃음이 터졌다. 뭐가 그렇게 좋고 신나는지 알 수는 없었다. 웃고 있는 바나나 인형을 바라보는 즐거움이 있었던 것 같다. 웃음도 전염이 되는지 바나나 인형도 아이도 나도 박장대소하며 웃었다. 잠시 잃어버려 느끼지 못한 사는 맛의 감각이 되돌아온 기분이다. 여전히 사는 맛을 강하게 느끼기 힘들지만 적어도 '사는 힘'이 무엇인지 알게 되었다. 나를 살게 하는 힘이 바로 아이의 존재였다. 아이의 존재 덕분에 행복한 부모가 되어 살아가고 있다. 아이와 함께하는 삶을 사는 힘이 남아 있었다.

 사는 맛과 사는 힘은, 비슷해 보이지만 조금은 다르다. 사는 맛은 삶을 잠시 멈칫하게 하는 즐거움이다. 마치, 순간적이지만 선명한 기쁨처럼 '아, 살고 있구나'를 느끼게 해주는 작은 감각의 충만함이다. 반면, 사는 힘은 멈추었던 삶을 다시 움직이게 하는 내면의 엔진 같다. 사는 맛이 사라졌을 때조차 여전히 나를 붙잡고 앞으로 나아가게 만드는 결정적인 이유다. 사는 맛은 지금을 풍요롭게 하고, 사는 힘은 내일을 가능하게 만들어 준다.

우리는 종종 '왜 살아야 하는가'라는 질문에 사로잡힌다. 누군가는 부를 위해, 누군가는 행복을 위해, 또 어떤 이는 자신의 이름을 지키기 위해 살아간다. 그러나 모든 이유 이전에, 인간은 살아 있으려는 존재다. '사는 힘'이라는 본능 자체로 살아가는 것이다. 그래서 사는 맛이 사라졌다고 해서 삶이 시들해지는 것은 아니다. 밥맛이 없어도, 눈물이 나도, 웃음이 사라져도 살아 있으려는 힘으로 또 하루를 견뎌낸다. 삶이 무미건조해질 때마다, 우리는 사는 맛만큼이나 사는 힘을 다시 찾아봐야 한다. 그리고 그 힘은, 아이처럼 순수한 존재가 주는 생각지도 못한 기쁨 속에서 발견된다. 그 기쁨의 순간은, 삶이 다시 시작되는 이유가 된다.

가장 힘들던 순간, 조용히 건네받은 아버지의 전화 한 통의 힘,
우연한 기회에 도전한 시험의 합격소식,
생각지도 못한 누군가의 감사 인사,
포기하고 싶었던 순간, '괜찮아, 네가 있어 줘서 다행이야'라는 말 한마디,
내가 내게 속삭인 한 마디, '생각보다 너 잘했다.'

미처 의식하지 못했던 괜찮은 순간이 우리에게 다시 살아갈 힘이 되어 준다.

비록 사는 맛은 잃었을지라도, 사는 힘은 아직 당신 안에 남아 있다.
아주 작지만 삶을 버티게 해 주는 그 힘.
그 남겨진 힘으로, 오늘도 다시 살아 보자.

사색8

믿음이 멀어질수록 굳건해지는 마음

 살면서 참 아이러니한 것이 있다. 남은 잘 믿어 주면서 자신은 쉽게 의심한다는 사실이다. 자식을 키우면서도 마찬가지다. 다른 집 아이에게는 한없이 격려해 주면서, 정작 우리 집 아이에게는 관대하지 못하다. '나' 그리고 '나의 것'이라는 개념이 인지되는 순간, 자기 믿음이 오히려 의심으로 변할 때가 있다. 유년 시절을 돌이켜 보면, 친구와 갈등이 생겼을 때 어머니는 자주 친구 편을 들어 주셨다.

"엄마는 왜 내 편을 안 들어 줘?"

 어머니의 질책에 서운함이 스쳤다. 야단보다 더 괴로운 것은 따로 있었다. 바로 나에 대한 믿음이 희미해진 어머니의 눈빛이었다. 그리고 불편한 상황 속에서, 나는 무엇보다 스스로에 대한 실망을 크게 느꼈다. 상대방을 탓하기보다, 나를 탓하는 자책이 더 깊게 파고들었다. 그 경향은 어른이 되어서도 변하지 않았다. 무엇을 해도 눈에 띄지 않는 나는, 언제나 부족한 사람이라고 단정 지었다. 실패하면 '역시 그럴 줄 알았어.' 하고 몰아세웠다. 좋은 평가를 받아도 "그건 누구나 하는 거야."라며 자신을 깎아내렸다. 나는 다른 사람의 감정을 지나치게 잘 느끼는 사람이었다. 그래서 작은 말투 하나에도 마음이 출렁였고, 나를 향한 믿음이 자주 흔들렸다.

  믿음을 잃은 마음은 늘 조급했고, 끊임없이 무언가를 증명하려 했다. 흔들리는 신뢰 속에 버티다 보니, 의심이 많아지고 부정적인 감정에 빠질 때도 많았다. 지금도 막연한 꿈을 붙잡고, 안정적인 경제적 기반을 만들기 위해 고민이 많다. 아이를 잘 키울 자신이 어느 순간 사라지기도 한다. 손에 잡히지 않고, 머릿속에서 정리되지 않은 일들이 가득하다. 이 모든 것이 나를 주저하게 만든다. 아직 일어나지도 않은 일을 먼저 걱정하고, 벌어지지도 않은 일에 겁을 먹는다. 결국, 무엇을 믿고 나아가는 힘이 부족하기 때문이다.

내면의 믿음을 잃고 사는 날들이 많아졌다.

  호아킴 데 포사다, 레이먼드 조의 『바보 빅터』라는 책이 있다. 이 책에는 국제멘사협회 회장을 지낸 천재, 빅터 세리브리아코프가 17년 동안 '바보'로 살았던 실제 사건이 소개된다. 살면서 누구나 겪는 아픔과 고통을 이겨 내고, 희망찬 미래를 향해 나아갈 수 있는 용기를 전해 주는 책이다. 그 안에는 '자기 믿음'에 관한 구절이 있다. 자기 믿음이란, 자기 생각과 직관, 그리고 무엇보다 자신의 가능성을 믿는 것이라고 한다. 어떠한 상황에 놓이더라도 자신에 대한 굳건한 믿음을 심는다면, 생각지도 못한 삶을 살아갈 수 있을 것이다.

"어떤 믿음은 선택의 문제가 아니라, 살기 위해 반드시 붙들어야 하는 문제였다."

— 김희재, 소설 『탱크』

  길을 잃은 아이처럼, 어떻게 살아야 할지 몰라 방황하던 시간이 있었다. 그때 이 문장 하나가 나를 붙잡았다. 가끔은 끊임없이 의심하는 마음도, 맹목적일지라도 한 번쯤 믿어 볼 필요가 있다. 지나치게 앞서 걱정하지 말고, 지금을 믿고 걸어가는 것이다. 다른 사람의 신뢰를 얻고 그들의 믿음을 갈망하는 일보다, 먼저 해야 할 일은 나를 믿어 주고 안아 주는 일이다.

자기 믿음은 언제나 선명하지 않다. 때로는 의심하고 한순간에 멀어진다. 하지만 중요한 것은, 흔들릴 때조차 나를 포기하지 않는 마음을 갖는 것. 다시, 내 편이 되는 것이다. 서툴고 부족하더라도 가장 먼저 믿어주는 사람은 결국 나 자신이어야 한다. 다시 나의 편이 되어 주는 일은, 대단한 변화가 아니라 작은 연습부터 시작된다. 비난을 멈추고 이해를 건넨다. 기대보다 존재를 먼저 알아봐 주는 눈을 갖는다. 불안한 날에 "괜찮다."라고 말해 주는 대신, "믿고 가면 돼."라고 용기를 주는 것이다.

"그냥 너를 믿고 가봐. 원하는 삶을 최소한 놓치지는 않을 거야."

당신에게 조용히 건네는 이 한마디가 매번 삶의 용기를

전해 준다.
결국, 나를 일으키는 것은,
다시 믿어 보기로 한 작은 마음 하나다.

사색9

사라질 내일 대신 잘 지내는 오늘

"내일은 해가 뜬다."

〈사노라면〉이라는 노래 가사처럼, 우리는 '내일'이 늘 희망차고 당연히 오는 줄 알았다. 자고 일어나면 '오늘보다 더 나은 내일'이 펼쳐질 거라는 확신이다. 내일의 어떤 하루가 오늘보다 조금은 나을 거라는 막연한 기대를 품고 살아왔다. 하지만 내일이 오지 않을 수도 있다는 생각이 들었다. 어느 순간부터, 내일이 오는 게 두려워졌다. 눈을 뜨는 일이 무겁고 고통스러웠다. 잠을 자다가 새벽에 자주 깨어났다. 또렷한 정신으로 어두운 침묵을 지키며 한숨을 내쉰다. 내일이 찾아와도 해가 저무는 기분이다. 어느 날부터인가 내일을 기대하는 마음이 사라지고 있었다.

사람마다 내일의 상실로 힘들어하는 이유는 다양하다. 불안정한 일자리, 가족 부양의 극심한 무게감, 계속되는 지출과 빚의 압박, 갑작스러운 사고와 병…. 도저히 감당할 수 없는 현실 속에서 내일은 희망이 아니라 부담으로 다가온다. 무언가 나아질 거라는 근거 없는 낙관이 사치처럼 느껴진다. 내일을 바라볼 겨를 없이, 현재를 버텨 내는 것이 최선이자 전부가 되는 것이다.

"전부 매입을 하고 싶은데요."

작년 겨울, 어머니가 남긴 보석 유품들을 팔았다. 그 흔적을 내 손으로 건넨다는 사실이 마음을 쓰라리게 했지만, 눈앞의 금전을 먼저 해결해야 했다. 대부분 오래된 보석들이라 손에 쥔 현금은 얼마 되지 않았다. 하지만 그마저도 생긴 순간, 마음 한쪽의 불안이 잠시 덜어졌다. 집으로 돌아오는 길, 복잡한 심경이 눈물로 고여 조용히 떨어졌다. 회사 퇴사 후, 겁 없이 시작한 작은 스튜디오는 한동안 굉장히 정체된 시간을 맞이했다. 매달, 월세의 압박이 있었다. 게다가 아이를 키우며 예상치 못한 지출은 끝없이 늘어갔다. 회사원인 남편의 수입은 정해져 있어 손을 벌리기란 미안하고 어려운 일이었다. 계속 힘들어지는 상황에 더 알뜰하게 그리고 똑 부러지게 일하지 못한 내가 어디에도 이해받지 못할 것 같아서 쉽게 속내를 꺼낼 수가 없었다. 그때 처음으로 이런 생각이 들었다.

'돈 때문에 사는 게 무섭다.'

밑 빠진 독에 물을 붓는 듯한 시간이었다. 앞으로 남은 날들을 감당할 자신이 점점 사라져갔다. 내일이 오는 것이 두려운 나날이었다.

그러던 어느 날, 어린이집에서 돌아온 아이의 얼굴이 유난히 밝았다. 순수한 웃음, 살포시 내 손을 잡아주는 따뜻한 손길, 차린 것 없는 소박한 저녁을 맛있게 먹어주는 모습까지 예뻐 보였다. 아이의 온기가 조용히 스며들며 내 안의 긴장을 잠시 풀어 주었다. 그날, 작고 선명한 온기를 붙잡으며 잃어버렸던 내일을 다시 잠시 기대해 보기로 했다. 내일의 돈이 당장 해결되지 않아도, 모든 게 무너지지는 않을 거라는 작은 믿음이 저절로 생겼다. 그날의 온기를 기억하며 나는 불안한 시간을 견뎠다.

죽지 못해 산다는 말이 있다. 어쩔 수 없이 버텨 내는 하루일지라도, 우리는 살아 있는 마음으로 지낼 수 있다. 그 마음은 '일상의 온기'를 느끼는 데서 시작된다. 무너질 듯한 내일을 뒤로하고, 오늘의 작은 따뜻함이 우리를 다독인다.

피곤하지만 한 끼 식사를 정성스레 차리는 손길,
지친 어깨를 풀어 주는 시원한 샤워,
길가에 핀 꽃의 무심한 아름다움,
병상에 누워 아프지만 보이는 은은한 미소,
누군가와 나누는 어느 인간적인 대화.

이런 작고 생생한 순간들이 오늘을 버티게 한다. 내일의 끝없는 걱정도 온기 앞에서는 잠시 잦아든다. 내일이 불투명하더라도 오늘은 여전히 우리 곁에 있다. 그러니 의심하지 말고 오늘의 온기를 껴안으며 지내는 연습이 필요하다. 그 온기가 우리를 다시 살아가게 한다.

오늘을 붙잡게 해 준 일상의 온기

- 배달 앱을 열지 않고, 냉장고 재료로 간단히 한 끼를 만들었을 때
- 퇴근길, 갈아탄 전철에서 운 좋게 빈자리를 발견했을 때
- 장바구니에 담은 물건이 마침 세일 중이었다는 알림을 받았을 때
- 아이가 화장하는 나를 보고 "엄마 예뻐"라고 말해 주었을 때
- 건강검진 결과, 별다른 이상 없이 안심하고 잠든 밤
- 까먹고 있던 커피 포인트로 무료 음료를 받은 날

　오늘을 잃는다면 내일은 영원히 도착하지 않는다. 그러니 내일 해가 뜨는 것보다 오늘 해가 비추는 것이 우선이다. 오늘의 온기를 풍요롭게 느끼다 보면, 내일을 사는 용기가 생긴다. 그리고 인생이 다시 회복되는 길이 보일 것이다.

　사라질 내일을 걱정하지 말고,
　여전히 따스한 온기가 남아 있는 오늘부터
　잘 지내보는 것은 어떨까.

思索章
―― 사색장 ――

잃어버린 퍼즐

잃어버린 삶의 조각을 하나씩 꺼내어 바라보는 시간

잃어버린 당신의 조각은 무엇인가요?

지금, 당신의 마음 어딘가에서
조용히 사라진 것들을 떠올려 보세요.
사물, 사람, 시간, 감정, 기억… 어떤 것이든 괜찮습니다.

퍼즐 안에 잃어버린 삶의 조각을 하나씩 적어 보세요.

상실은 잃어버린 것을 알아차릴 때부터 시작됩니다.

실(失) 잃어버린 것들이 있나요?

심

사라진 자리에
어떤 마음이 있나요?

남겨진 곳에서 머물게 된 말 없는 마음

"남겨진 우리는 남게 된 마음과 함께 살아간다.
하루를 견디고, 또 하루를 살아 내며,
어김없이 찾아오는 계절 속에서 홀로서기를 하게 된다."

마음1

*

새처럼 날아가 버린 하루

"원을 그리다 비상하는 조용한 새의 날갯짓 속에도 내가 있고 밤하늘에 빛나는 포근한 별들 중에도 내가 있어요."

— 메리 엘리자베스 프라이, 「내 무덤 앞에서 울지 말아요」

어김없이 아침을 맞는다. 눈을 뜨고 집을 나서지만, 세상이 낯설다. 예전 같으면 새들의 지저귀는 소리에 정신이 맑아졌을 텐데, 이제는 그 소리조차 희미하게 들린다. 높은 나무 사이로 날아오르던 새들도 보이지 않는다. 나는 어느새 세상과 눈을 마주치고 싶지 않은 사람이 되어 있었다. 누군가가 나를 알아볼까 봐 시선을 피하고, 몇 걸음만 걸었을 뿐인데 숨이 차오른다. 벤치에 앉아 고개를 숙인 채 길바닥만 응시한다. 눈앞이 흐려지며 안개 낀 듯 시야가 멍해진다.

'뭐부터 해야 하지?'

 순간, 뇌가 멈춘 듯 공백이 찾아왔다. 상실 이후 맞이하는 아침의 공기는 이전과 확실히 달라져 있다. 나는 원래 햇살을 반기고, 시원한 바람이 깃든 하루에도 기운을 얻던 사람이었다. 그러나 지금은 공기 온도도, 바람의 감촉도 느껴지지 않는다. 세상의 소리는 점점 멀어지고, 기운은 더욱 없어졌다. 벤치에 가만히 앉아 한 곳만 응시한 채 시간을 흘려보낸다. 갑자기 몸이 떨리고, 차가운 한기가 온몸을 휘감는다. 옷깃을 여미고 거리를 다시 걷기 시작했다. 평소처럼 어머니에게 전화를 걸어야 할 것 같은 기분이 들지만, 이제는 그럴 수 없다는 사실이 마음을 짓누른다. 어떻게 걷고 있는지도 의식하지 못한 채, 그저 깊은숨을 무겁게 내쉰다. 이 모든 장면은, 내가 부모님과 이별한 뒤 처음 맞이한 하루의 시작이었다.

 한때 좋아했던 사람과의 이별 후에도 허전함에 며칠을 힘들어한 적이 있다. 가까운 친구와 서먹해졌을 때도, 정들었던 곳에서 떠날 때조차도 먹먹함이 남았다. 떠난 이가 없는 하루를 맞는 것은, 정말 견디기 어렵다. 마치 모든 것이 새들처럼 한순간에 날아가 버린 듯한 느낌이다. 나뭇가지에 옹기종기 앉아 있던 새들이 후다닥 하늘로 사라지는 장면이 그렇게 허망하게 보일 수가 없다. 빈 가지들이 몇 번씩 떨리며 사라진 무게를 견디는 듯하다. 헤어짐에 대한 예고 없이 떠난 부모님을 생각했다. 무엇이 그렇게 급했을까. 무엇이 그토록 힘들었기에 먼저 가 버렸을까. 야속한 마음에 하루를 원망으로 채우는 날이 많았다.

'오늘은 유독 기운이 없네…. 다시 집으로 가야겠다.'

갑자기 온몸에 힘이 빠진다. 결국, 잠깐의 외출을 마치고 조용히 집으로 돌아간다. 소파에 누운 채 눈을 감으려는 찰나, 남편에게서 메시지가 도착해 있다.

"나는 출근 완료! 오늘도 밥 잘 챙겨 먹고 있어!"
"오빠도 바쁘겠지만 일 잘하고 파이팅!"

익숙하게 답장을 보내는 손가락이 분주하다. 여전히 일상의 과제를 수행하는 기분이다. 텅 빈 아침을 지나고 나니, 어느새 오후가 되어 있었다.

누구나 상실 이후에도 하루는 매일 찾아온다. 그러나 남겨진 자가 바라보는 하루는 전과 다르다. 마음은 느려지고, 세상을 바라보는 눈빛에는 쓸쓸함이 묻어난다. 어떤 날은 상실과 무관하게 꽤 괜찮은 하루를 보내기도 한다. 하지만 또 어떤 날은 상실의 허망함에 잠식되어, 우울한 하루를 그저 견뎌야 한다.

 우리는 모두, 잃어버린 다음 날을 살아 낸다. 상실은 끝이 아니라, 남겨진 삶이 여전히 계속된다는 사실을 매일 새롭게 알려 준다. 그리고 그날들은 유난히 낯설고 고요하다.
 당신이 맞이하는 다음 날이, 마치 모든 것이 새들처럼 흩어져 버린 듯 느껴질 때도 있을 것이다. 그럴 땐 아무렇지 않은 척 억지로 하루를 밀어붙이지 않아도 된다. 텅 빈 자리에서 남겨진 감정을 살며시 쓰다듬고, 묵묵히 펼쳐진 하루를 바라보면 된다. 문득, 날아가 버린 새들이 상실이 아닌 회복을 향해 움직였을지도 모른다고 느껴질 때가 온다. 그토록 무겁기만 하던 빈자리가 아주 조금, 가벼워지는 순간이 찾아온다. 떠난 것만 좇던 시선이 마침내 빈자리에서 천천히 눈을 떼는 날도 온다. 곁을 둘러보면, 여전히 푸른 하늘과 부드럽고 하얀 구름이 있다. 초록의 숨결을 품은 작은 풀잎들이 생명의 기척을 전한다. 여느 때처럼, 사람들은 바쁘게 길거리를 오간다. 문 앞에 놓인 택배 상자마저 아침이 도착했음을 조용히 알려 준다.

   잃어버린 것들 속에서도, 삶은 조용히 이어진다. 오늘을 온전히 살아 낸 당신은, 사라진 것을 품은 채 다시 하루를 시작할 준비를 하고 있다.

   모든 것이 멈춘 듯해도, 남겨진 삶은 멈추지 않는다.
   여전히, 당신의 하루는 흐르고 있다.

   사라진 것들 사이에서도,
   삶은 아주 미세하게 숨을 이어간다.

마음2

✷

어느새 낯설어진 익숙함

"우리는 친숙한 것들에 대한 향수와
동시에 알 수 없는 것에 대한 갈망 사이에 끼어 있다."
— 카슨 매컬러스, 『The Mortgaged Heart』

무탈한 삶을 살다 보면, 익숙한 것들이 오히려 눈에 잘 띄지 않는다. 너무 익숙해서 당연하게 여겨지는 것이다. 전화할 때마다 들리던 엄마의 잔소리, 외출할 때 손목에 채우던 시계, 출퇴근길마다 타던 전철, 매일 아침 커피 한잔을 함께 나누던 동료, 주말마다 들르던 동네 카페, 강아지와 걷던 공원…. 우리는 익숙한 일상 속에 마음의 터전을 조금씩 심어 간다.

그렇다면, 언제 낯섦을 가장 깊이 체감하게 될까. 바로 모든 것이 그대로인데, 어떤 것이, 누군가가 사라졌다는 사실만으로 세상은 전혀 다른 장소처럼 느껴질 때이다. 누구도 손대지 않았고, 아무것도 바뀐 게 없는데 모든 것이 낯설게 다가온다. 그것은 단지 상실의 아픔 때문이 아니다. 떠난 존재와 함께 쌓아온 '일상의 감각'이 함께 사라졌기 때문이다. 사라진 자리에 남은 것은 그때의 풍경이 아니라, 다시는 닿을 수 없는 마음 온도뿐이다.

오래전, 어린 딸과 함께 집 근처 백화점을 간 적이 있다. 나처럼 대충 머리를 묶고, 아이 짐가방을 든 채 쇼핑을 하던 엄마들이 눈에 들어왔다. 그중 친정엄마와 잠시 실랑이를 하던 한 엄마가 유독 시선을 끌었다.

"이 옷보다 저 옷이 낫지 않아?"
"아니야 엄마, 그건 너무 어른스러워 보여."
"그래도 입혀 놓으면 예쁠 것 같은데?"
"못살아, 엄마 고집. 다른 옷도 더 보자."

겉으로는 다투는 모녀처럼 보였지만, 내 눈에는 세상에서 가장 따뜻한 장면이었다. 아이는 내 딸과 비슷한 또래였고,

외할머니와 엄마 사이에서 천진한 표정으로 주위를 둘러보고 있었다. 만약 어머니가 살아계셨다면, 나도 저들과 같은 풍경 속에 있었을 것이다. 어머니는 나보다 딸아이의 옷을 더 잘 골랐을 것이다. 어릴 적, 옷을 좋아하셨던 어머니와 함께 옷을 고르고 입었던 기억이 지금도 선명하다. 그 익숙했던 시간이 이제는 낯설게 다가온다. 모녀의 투덕거림조차 나에겐 일상적인 장면이 아니었다. 가을 저녁, 요리하며 간이 어떤지 내게 물어보던 목소리, 아이스 아메리카노와 곁들일 디저트를 함께 고르는 시간, 스쳐 지나갈 때마다 익숙한 어머니의 향기, 가끔 힘없이 지친 딸에게 깜짝 선물을 아끼지 않던 당신의 넓은 마음….

익숙했던 모든 것들이 지금은 낯선 존재가 되어, 나에게 모든 것이 사라졌다고 말하는 듯했다. 익숙했던 모습에서 낯선 공백을 느낄 때마다, 나 역시 많이 변해 있다는 것을 깨닫는다. 생각도, 마음도, 반응하는 방식도 모든 것이 달라진 사람이 되어 있다.

사람은 낯섦 속에서 비로소 알고 있던 세계를 다시 들여다본다. 너무나 당연하게 여겼던 익숙함이 사실은 거대한 소중함이었다는 것을, 우리는 상실 이후에야 알게 된다. 모든 게 그대로인데도 낯섦을 느낀다면, 바뀐 것은 세상이 아니라 '나'일 것이다. 그 인식마저도 낯설게 느껴질 만큼, 상실의 시간은 마음을 흔든다. 낯설어진 익숙함은 우리가 한때 깊이 사랑했고, 함께 살아간 시간의 흔적이다. 익숙한 것이 낯설게 느껴지는 모든 순간은, 그리움의 또 다른 얼굴이기도 하다. 도저히 잊을 수 없는 존재일수록, 함께한 모든 것이 더 낯설게 다가온다.

상실이 지나간 자리에 낯선 파도가 잔잔히 밀려온다. 그러나 언젠가는 그 낯섦조차 새로운 익숙함이 되어 줄 것이다. 우리는 익숙함과 낯섦의 얇은 경계 위를 천천히 건너고 있다. 익숙했던 것들은 삶을 가장 따뜻하게 품어 주던 순간들이었다. 그 모든 순간을 잃고 나서야 비로소 깨닫는다. 텅 빈 자리에서 사라진 것의 온도가 얼마나 따뜻했는지를. 그리고 소중했는지를.

잃어버림의 시간을 지나온 사람만이
익숙함 속에 숨 쉬던 사랑의 흔적을
비로소 절실히 이해하게 된다.

마음3

✦

사라진 후 되돌릴 수 없는 시간

"우리가 진심으로 누렸던 것은 절대 사라지지 않는다.
우리가 깊이 사랑한 모든 것은 결국 우리 안의 일부가 된다."
– 헬렌 켈러

이별한 사람을 떠올릴 때 가장 힘든 것이 있다. 떠난 사람이 곁에 없다는 사실보다, 떠나보낸 사실을 마음이 좀처럼 믿지 않으려 한다는 것이다. 사랑했던 사람과의 마지막 날을 되돌릴 수 있기를 바라는 순간이 있다. 문득, 연락만 닿으면 예전처럼 다시 만날 수 있을 것 같다는 헛된 기대가 마음을 흔든다. 보고 싶은 마음은 살아 있지만, 끝내 전화는 걸지 못한다. 그리고 마침내, 이별을 인정하게 된다. 돌아올 수 없다는 현실 앞에서, 마음은 서서히 무너진다. 누군가의 부재를 받아들이는 데는 참 많은 시간이 걸린다. 처음에는 멀리 있는 것처럼 느껴진다.

'잠시 연락이 안 되는 거겠지.'

'바빠서 그런 거겠지.'

이렇게 말하며 자신을 애써 안심시킨다. 아무 일도 없던 듯 하루하루를 살아갈수록, 그 사람이 빠진 자리는 오히려 더 또렷해진다. 존재는 사라졌지만, 함께한 기억은 여전히 자리에 남아 있기 때문이다. 표정, 손짓, 목소리, 나눴던 말들까지, 모두가 여전히 생생하게 남아 있다. 모든 장면 사이에서 마음은 현실과 기억 사이를 헤매며 갈피를 잡지 못한다.

집 안 한구석에는 어머니가 쓰시던 휴대전화가 여전히 남아 있다. 돌아가신 지 6개월 만에 열어본 휴대전화 속에 '사랑하는 딸'로 저장된 내 번호와의 대화가 남아 있었다.

'딸아, 병원 올 때 딸기 좀 사 와라. 너 먹고 싶은 것도 사 먹고.'

'응 엄마, 걱정하지 마. 딸기 맛있는 거로 살게. 얼른 갈게.'

문자들을 읽어 내려가던 순간, 그만 눈물이 뚝 떨어졌다.

그 순간, 전화를 걸면 어머니의 목소리가 다시 들릴지도 모른다는 착각이 밀려왔다. 어머니가 이 세상에 없다는 사실도 아프지만, 다시는 돌아올 수 없다는 진실은 더 깊은 고통이었다. 병상에 누워 계실 땐 너무 힘들게만 느껴졌는데, 지금은 그저 곁에만 계셨으면 좋겠다는 마음이 간절하다. '돌아오지 않는다.'라는 단 하나의 사실이 매번 마음 한가운데를 무너질 만큼 세게 건드린다. 이러한 현실을 외면하기 위해 바쁘게 하루를 보내기도 한다. 하지만 돌아오지 않는다는 사실은 매일 남겨진 사람을 조금씩 무너뜨리는 현실이었다. 시간은 흘러가지만, 마음은 여전히 같은 자리에 머문다. 과거를 되짚는 일이 어느새 습관이 되었다. 떠난 이 없이 살아가야 한다는 사실은, 남겨진 삶을 처음부터 다시 짜맞추는 일이었다.

MBC에서 방영한 VR 휴먼다큐멘터리 〈너를 만났다. 시즌 3, '엄마의 꽃밭'〉 편을 본 적이 있다. 위암으로 세상을 떠난 어머니를 VR 속에서 다시 만난 김하나 씨의 이야기였다. 헌신적이었던 어머니는 가족을 위해 평생을 바치셨고, 갑작스럽게 가족 곁을 떠나셨다. 하나 씨는 자신이 엄마가 되고 나서야 비로소 어머니의 마음을 조금씩 이해하게 되었다. 하지만 그리움은 시간이 갈수록 더 깊어졌고, 결국 그녀는 다시 엄마를 만나고 싶다는 절실한 바람으로 VR 속의 '엄마의 꽃밭'을 마주하게 된다. 제작진은 생전에 어머니가 가꾸시던 꽃밭을 가상 공간에 정성스레 복원했고, 딸은 그 속에서 어머니와 재회했다. 이 장면을 보는 내내 '돌아올 수 없는 사람을 VR로라도 만나고 싶다'라는 마음이 절실히 이해되었다. 나 역시, 잠들기 전이면 어김없이 '오늘은 꿈에서라도 부모님을 만날 수 있을까?' 하는 생각을 하곤 한다. 단 한 번만이라도, 내 이름을 부르는 목소리를 듣고 싶다. 하루의 일상을 언제든지 들려드리고 싶다. 서로 한참을 웃으며 하루의 온기를 느끼고 싶다.

계절은 바뀌고 꽃은 피고 또 지지만, 떠나간 사람은 다시 돌아오지 않는다. 하지만 이상하게도, 함께했던 기억은 어느 순간 되살아난다. 함께 즐겨 먹었던 음식의 냄새, 익숙하게 부르던 목소리의 잔향처럼 모든 것이 불쑥 다가와 마음 한편을 흔든다. 기억들은 때로는 아프고, 때로는 꼭 껴안고 싶은 그리움이 된다. 함께 지낸 계절은 이제 나만의 시간이 되었고, 함께 웃던 순간들은 마음 깊은 곳에 조용히 머물러 있다.

  돌아오지 않는다는 사실을 받아들이는 일은 단번에 끝나는 일이 아니다. 매일 마음 한구석을 다시 비워내는 일이다. 익숙했던 자리를 천천히 비우고 또 비우는 일인 것이다. 사라진 존재는 돌아올 수는 없지만, 나에게 남긴 마음은 절대 사라지지 않는다. 남겨진 우리는 남게 된 마음과 함께 살아간다. 하루를 견디고, 또 하루를 살아 내며, 어김없이 찾아오는 계절 속에서 홀로서기를 하게 된다.

  다시는 돌아갈 수 없지만,
  조용히 마음만은 돌이켜본다.
  사라진 시간을 천천히 쓰다듬는다.

마음4

멈춰진 자리에서 흘러가는 세상

"세상은 어제와 같고 시간은 흐르고 있고
나만 혼자 이렇게 달라져 있다."

— 이소라, 〈바람이 분다〉

영화 〈어바웃 타임〉을 볼 때마다 잊지 못하는 장면이 있다. 결혼식 날, 갑작스러운 폭우 속에서도 웃음을 잃지 않는 주인공 메리와 팀이다. 그들에게 비는 혼란이 아니라 오히려 축복처럼 느껴진다. 행복한 이들은 비마저 따뜻하게 받아들인다. 비 오는 날, 사람들은 저마다 다른 감정으로 하루를 맞는다. 어떤 이는 창밖을 바라보며 사색에 잠기고, 누군가는 파전과 막걸리 한잔으로 여유를 누린다. 반면, 옷이 젖고 신발이 눅눅해지는 불쾌함에 짜증부터 내는 이도 있다.

마음이 우울한 날에는 빗물에 기대어 눈물을 쏟아내기도 한다. 빗소리와 감정이 겹쳐질 때, 마음은 조용히 젖어 든다.

  슬픈 일이 있는 날, 하필이면 비가 내릴 때가 있다. 비는 감정의 거울처럼 때때로 우리를 비춘다. 누군가를 그리워할 때, 헤어진 연인을 잊지 못할 때, 떠난 가족을 떠올릴 때, 비는 기억을 데려온다. 잊었다고 믿었던 감정이 다시 살아나고, 그리움이 스며든다.

  어느 날, 비 소식도 모른 채 밖을 나섰다. 하나둘씩 떨어지는 물방울이 어깨에 고인다. 잠시 후, 셀 수 없을 정도의 빗방울이 머리로, 뺨으로, 어깨에 쏟아졌다. 세상이 젖기 시작한 순간, 사람들은 하나둘씩 준비해 둔 우산을 꺼냈다. 우산을 쓰고 가는 사람들 뒤로 나는 잠시 멈추었다. 평소 같았으면 주변 편의점부터 분주히 찾고, 우산을 사기 위해 뛰어갔을 것이다. 하지만 그날 나는 비를 묵묵히 맞으며 다시 걸어갔다. 비에 몸이 젖은 것이 아니라, 눈물이 고인 마음이 슬픔에 젖어 있었다. 계속해서 젖어 늘어진 마음을 부여잡고, 비를 맞으며 잠시 걸었다. 그러다 비가 멈추더니 어둑해진 하늘은 금세 환해졌다. 마음이 무너져 내린다는 것이 꼭 소리나 비명을 동반하는 게 아니라는 것을 그때 처음 알았다. 사랑하는 존재를 잃을 때, 아무 말도 하지 못한 채 무너져 내린다. 떠나간 대상의 빈자리로 여전히 마음에 눈물이 흐른다. 가끔, 나만 정지된 시간 속에 머무는 날이 있다. 환한 하늘 아래에서 혼자만 감정의 구름 속에 숨어 있는 날이다. 하지만 세상은 아무 일도 없다는 듯 개어 있다. 그리고 모두 제 갈 길을 간다. 그럴 때는 세상이 너무 빠르게 회복된 것처럼 느껴져 억울하다. 조금만 더, 내 슬픔을 알아봐 주었으면 좋겠다.

 희한한 건, 누군가 떠났음에도 세상은 그리 궁금해하지 않는다는 것이다. 아무 일도 없었다는 듯, 사람들은 남겨진 사람과 평소처럼 이야기를 나눈다. 세상의 소식을 전해주며 일상을 건네지만, 안타깝게도 귀에 잘 들어오지 않는다. 어떤지 알고 싶지 않을 때가 많다. 조용히, 아무것도 듣지 않고 싶은 마음뿐이다. 왜 하필, 이렇게 빨리 상실의 고통을 겪어야 했는지 억울하기만 하다. 부모님이 모두 떠난 뒤, 마음에는 먹구름이 짙게 깔렸고, 어두운 기운은 좀처럼 걷히지 않았다. 가까운 주위를 둘러봐도, 나처럼 이토록 깊은 이별을 겪은 사람은 보이지 않았다. 두 번의 고통스러운 죽음을 마주하며, 그 과정을 고스란히 지켜본 나의 마음은 어디에도 기대기 어려운 채로 오래 아팠다.

  한때 암 환우 가족으로서,

"사람은 누구나 죽기 마련이고, 이별하기 마련이야."

  이 말은 세상에서 가장 잔인한 위로처럼 느껴졌다. 시간이 흐를수록, 누군가 내 마음을 묻는 일도, 내가 상실의 기분을 꺼내는 일도 점점 더 어려워졌다. 서로에게 조심스러운 침묵만이 맴돌았다. 나도 모르게 겉도는 이야기만 주고받게 되었다. 어느 순간, 나와 세상 사이에는 쉽게 넘을 수 없는 선이 생긴 듯했다.

  온통 비바람뿐일 것 같던 마음에도, 언젠가는 맑아지는 하늘이 찾아드는 날이 있다. 상실은 세상이 나를 외면한 것이 아니라, 내가 고개를 숙이고 아픔 속에 갇혀 있었던 시간이었음을 문득 알게 된다. 차갑게만 느껴졌던 세상도 그대로 있었음을 조금씩 느낀다. 억울하다고 외치고 싶은 마음조차, 어느덧 서서히 누그러진다. 세상이 일부러 상처 주려

했던 것이 아니었음을, 조금은 너그럽게 받아들이게 된다. 세상에 대한 억울함은 오히려 삶을 다시 세우는 힘이 되어 준다. 늘 비를 맞던 자리에서, 어느 날은 스스로 우산을 펼 수 있게 된다. 또 어떤 날은 누군가의 우산 아래 함께 걸을 수 있게 된다. 잃어버린 후에야, 서서히 단단해지고 익숙해질 수 있는 시간이 분명 찾아온다. 한 계절, 또 한 계절을 지나며, 우리는 조금씩 '살아지는 법'을 배워 갈 수 있다.

누구에게나 비가 스며들어 마음이 씻기는 시간이 찾아온다. 아직도 마음에 비가 내린다면, 너무 슬퍼하지 않았으면 좋겠다. 슬픔이 쏟아지던 마음도 언젠가는 천천히 마를 것이다. 지금은 단지, 당신만의 속도로 젖고, 당신만의 시간으로 마르면 된다.

당신의 마음이 다 마를 때까지,
그 자리에 그대로 있으면 된다.
그것만으로도, 우리는 충분히 잘 버티고 있다.

마음5

불쑥 찾아오는 그리움의 그림자

"그리움은 보이지 않는 손처럼, 마음을 가만히 만져준다."
– 무라카미 하루키, 『색채가 없는 다자키 쓰쿠루와 그가 순례를 떠난 해』

문득 그런 날이 있다. 아무 생각 없이 커피를 내리고, 창밖의 공기가 서늘하게 바뀌는 순간, 사람은 없는데 목소리가 들리는 것 같다. 떠난 사람의 목소리 하나 없이도, 그 존재가 스르륵 마음으로 나타나는 순간이다. 사라진 것들은 언제나 아무런 예고도 없이 삶의 그림자처럼 따라온다. 잊었다고 생각한 기억이 멀쩡하게 살아나기 시작한다.

삶은 사라진 이들이 불쑥 마음을 두드리는 순간의 연속이다. 그럴 때면 그림자가 드리워지고, 말없이 스며든 그리움이 가슴에 조용히 무게를 얹는다. 대화 중 울컥 눈물이 차오르고, 붉어진 눈시울을 감추려 괜스레 몸을 움직인다. 그립다는 말조차 꺼내기 힘든 날, 감정이 벅차 하루치 숨을 몰아쉴 때가 있다. 너무 아파서, 다시는 기억하고 싶지 않다고 생각해 본다. 기억은 또렷한 채, 그만 떠올려야 할 것 같아 억지로 마음을 눌러 보지만, 떠난 이는 자꾸만 나타난다. 사라졌지만 사라지지 않는 사람. 떠났지만 매일 돌아오는 사람. 그 흔적은 그리움의 그림자가 되어 우리 삶에 조용히 드리워진다. 그렇게 우리는 상실의 그림자를 안고 산다.

 사라진 이의 물건이 눈에 선명하게 들어올 때가 있다. 우리 집에 정작 주인은 사라졌는데 계속해서 이용당하는 물건이 있다. 바로 어머니가 자주 쓰던 '빨간 냄비'다. 적당한 크기에 손이 자주 가던 물건이다. 라면도 끓이고, 국도 조리하며, 밑반찬도 만들어 주는 만능 냄비다. 어느 날, 아무 생각 없이 냄비를 꺼내 들었다. 감자 4개를 썰어 넣고 양파와 함께 볶다가, 간장과 고춧가루로 양념을 낸 뒤 순식간에 감자조림을 만든다. 검색창에 '감자조림'을 치고 조리법을 찾아 연구하듯 요리를 한 것도 아니다. 빨간 냄비를 자연스럽게 꺼내어 어머니가 요리한 그대로 흉내 내며 후다닥 만들어

낸다.

 설거지하는데 빨간 냄비의 벗겨진 상태가 군데군데 보인다. 시간이 흐를수록 냄비도 닳고, 한층 나이 든 모습으로 남게 되었다. 언젠가는 버려야 할지도 모른다. 하지만 이상하게도, 이 냄비를 버릴 엄두가 나지 않는다. 다른 냄비도 있는데 이 냄비에만 손이 간다. 그리고 여기에만 감자조림을 만든다. 살아생전 어머니가 자주 여기에 감자조림을 해 주던 기억이 무의식 속에 남아 있었나 보다. 가장 슬픈 사실은, 요리한 감자조림의 맛에는 어머니의 손맛이 사라졌다는 것이다. 만드는 방법은 같은데, 이상하게 어머니의 맛이 나오지 않는다. 그날 갑자기, 어머니가 해 준 '그 맛'이 너무 그리워졌다. 어머니가 해 주던 음식이 간절해졌다. 다시는 먹을 수 없는 떠난 사람의 음식. 그리고 떠난 사람이 해 준 음식을 놓고 마주 앉아 도란도란 나누던 대화. 말없이 밥을 더 얹어 주던 어머니의 사랑. 그 모든 것들이 아무 생각 없던 순간에 불시에 나타나, 나를 한참 울먹이게 했다.

 우리는 매일의 사소한 순간들 속에서 사라진 것들의 그림자를 발견한다. 어둡게만 따라다니는 그림자에서 지나온 삶이 여전히 떠나지 않았다는 것도 느낄 수 있다. 마음이 허물어질 때마다, 나를 일으키며 살아가게 한 것도 그리움이었다. 그림자는 빛이 있을 때만 생긴다. 그래서 사라진 것들의 그림자는 우리가 누렸던 사랑과 온기를 증명하는 흔적이 된다. 미칠 듯이 보고 싶은 순간에 나타나는 상실의 그림자를 피하지 않고 오히려 품으며 걸어갈 수도 있다. 사라진 것들은 결코 완전히 사라지지 않는다는 것을 느끼며 아픔을 달래 본다.

아직 너를 너를 그리워해
여전히 넌 내 맘 깊은 곳에
너와 걷던 길목을 지나갈 때면
나는 고개를 떨구곤 해

나의 모든 날에 넌 자연스럽게
처음부터 그 자리에 있던 것처럼
오래오래 간직할 거야
우리 함께했던 날 전부

김나영 가수의 〈봄 내음보다 너를〉이라는 노래의 가사 일부다. 우연히 노래의 선율과 가사가 마음에 들어왔다. 반기고 싶지 않았던 상실의 흔적과 그리움은, 다시 만나고 싶은 간절함이었는지도 모른다. 오늘도 기억의 그림자 아래에서 함께였던 순간들을 천천히 되새겨 본다. 떠난 이의 흔적은 더는 어둡지 않았다. 이제는 은은한 빛으로 남아, 조용히 마음을 달래어 준다.

잃어버린 아픔 너머,
떠난 존재의 자리에 피어난 그리움의 그림자는

언젠가는 마냥 슬프지 않고,
조금씩 반가운 날로 스며들 것이다.

마음6

괜찮은 가면을 쓰고 벗는 일

"나는 병든 게 아니야. 부서졌을 뿐이지.
그래도 내가 그림을 그릴 수 있는 한, 살아 있음에 감사해."

― 프리다 칼로

누군가 묻는다.

"요즘 어때? 잘 지내?"
"응 뭐 그렇지. 괜찮아."

진심은 마음 깊은 곳에 눌러두고, 우리는 늘 그렇듯 익숙한 말로 대답한다. 말에는 감정을 꾹 눌러 담은 체념과 자신을 스스로 다독이는 평정심이 섞여 있다. 상실 이후의 삶은 괜찮지 않지만, 괜찮아 보여야만 하는 잔인한 시간이다. 과연 '괜찮다'라는 것은 어떤 상태일까. '그럭저럭 버틸 만해.', '큰일 없이 지나가고 있어.', '마음이 조금 편해졌어.' 이 모든 말은 정말 같은 말일까. 하루는 분명 괜찮을 수 있다. 그러나 괜찮지 않은 감정이 밀려오는 날에는, 그 하루마저도 괜찮지 않게 무너진다.

아이를 유산한 뒤, 한동안 회사를 오래 쉬었던 적이 있다. 임신도 유산도 모두 처음이었고, 몸도 마음도 오래도록 지쳐 있었다. 오랜만에 일터에 복귀해 잠시 괜찮아지는 듯한 기분도 들었지만, 그 감정은 오래가지 못했다. 일상은 돌아왔지만, 마음은 진정되지 못했다. 업무는 계속되어야 했고, 재임신에 대한 두려움은 날마다 커졌다.

"요즘 사람들은 한 번쯤은 유산을 겪더라."

이 말은 더는 위로가 되지 않았다. 감정을 드러내면 안 될 것 같은 분위기 속에서 나는 괜찮은 사람의 가면을 더욱 단단히 써야만 했다. 아이를 잃은 상실감이 당황스러워, 마음의 에너지가 바닥났던 시기였다. 그때의 나는 묵묵히 일상을 버티고 있었다. 지금은 눈에 넣어도 아프지 않을 예쁜 아이가 곁에 있어 그 시간을 덤덤히 이야기할 수 있게 되었다. 그러나 그 시절의 나는 회복되지 못한 마음을 안은 채 하루를 버티고 있었다. 삶에서 가장 괴로운 순간은, 회복되지 않았는데 회복된 척 살아야 하는 순간이다.

멕시코의 화가 프리다 칼로의 〈부서진 기둥(1944)〉은 항상 기억에 남는 작품이다. 교통사고와 수술 후의 고통을 자화상으로 표현한 그림은 몸 전체에 박힌 철제 못과 무너진 척추, 그리고 눈가에 흐른 눈물 자국으로 말할 수 없는 고통을 드러낸다. 그녀의 얼굴은 담담하고 단단하다. 삶이 갈기갈기 찢겼음에도, 그녀는 고통 위에서 자신을 그렸다. 프리다 칼로에게 괜찮은 가면은 필요 없어 보인다. 어떤 상황도 받아들이는 얼굴 앞에서는 굳이 괜찮은 척을 할 이유가 없어진다. 그녀처럼 초연한 마음으로 조금 더 괜찮아질 내일을 믿으며 살아가는 것이다.

괜찮지 않은 하루도, 그 자체로 충분히 의미가 있다. 괜찮지 않은 감정을 느낀다고 해서 자신이 약한 것이 아니다. 우리는 언제나 '괜찮을 필요'는 없다. 무언가를 참고 견디는 얼굴, 감정을 수습하느라 굳어버린 표정은 어느새 우리를 고립시킨다. 괜찮지 않은데 괜찮다고 말했던 순간들이 가슴 어딘가에 오래된 멍처럼 남는다. 불쑥 밀려오는 무력감에 눈물이 고이는 날에는, 조용히 앉아 나를 다독이는 시간이 필요하다. 가면을 벗고 마주한 얼굴이 지쳐 있고 외로워 보여도 괜찮다. 그 모습이 바로 지금의 '나'다. 누군가에게 아닌, 자신에게 먼저 다정할 수 있어야 한다. 울어도 괜찮고, 지쳐도 괜찮고, 도망치고 싶다고 중얼거려도 괜찮다.

남겨진 고통의 시간 속에서 우리는 조금씩, 더 괜찮아질 나로 자라고 있다. 때로는 무너진 마음을 부여잡고, 말없이 울며 지나온 밤들을 건너며, 천천히 회복되어 간다. 감정을 정직하게 마주하고 나면, 언젠가는 '괜찮지 않음'조차도 나를 이해하고 품는 방식이 된다.

오늘 하루도 무사히 버틴 당신에게 이렇게 말해 주자.

"괜찮지 않아도 괜찮아.
눈물 나도 괜찮아.
오늘도, 잘 지나가려 해."

마음7

이유를 묻지 않는 슬픔

"슬픔은 우리가 닿기 전까지는 알 수 없는 곳이다."

– 조앤 디디온, 『상실』

　슬픔은 논리로 이해되지 않는다. 느껴지고, 스며들고, 조용히 지나간다. 슬픈 이유는 분명 존재한다. 그러나 구체적인 이유보다 느껴지는 감정의 형태에 주목하는 것이 더 중요하다. 슬픔은 천천히 전해지는 안개 같기도 하고, 몸 어딘가를 살며시 웅크린 작은 웅덩이 같기도 하다. 또는 아무도 모르게 피어나는 무채색 꽃 같기도 하다. 슬픔은 조용히 다가와 언제 흩어질지 말해 주지 않는다. 슬픔이 다가오면, 우리는 어느새 '슬픈 기운'에 휩싸이고, '슬픈 기분'에 젖어 든다.

잃어버린 모호한 슬픔 앞에서, 슬픔에 대한 명확한 이유를 묻는 것은 때로 무례할 수 있다. "왜?"라는 질문은 슬픔을 더욱 쓸쓸하게 만든다. 만약 이유를 정확히 설명할 수 있었다면, 상실로 남겨진 사람의 마음이 조금은 덜 슬퍼졌을까. 슬픈 이유를 안다고 해서, 슬픔이 빨리 극복될 수 있을까. 슬픔에는 설명을 요구하기보다 조심스레 헤아려 주는 자세가 필요하다.

사람들 사이에서 MBTI처럼 성격 유형을 16가지로 나누어 설명하는 것에 관한 관심이 여전히 높다. 유형별 특징은 자신뿐 아니라 타인을 이해하는 하나의 척도가 될 수 있다. 하지만 이 기준이 모든 관계에 완벽한 가이드나 답이 되어 주지 않는다. 특히 '공감력'과 관련하여 'F(Feeling, 감정형)'와 'T(Thinking, 사고형)'로 나누어 이분법적으로 해석하는 경우가 많다. F는 사람의 감정과 관계를 고려해 결정을 내리고, T는 사실과 논리에 중심을 둔다. 이 대비는 때로, F는 공감 능력이 높고 T는 공감 능력이 낮은 것처럼 오해되기도 한다. 그러나 공감의 여부와 크기를 논하기 전에, 슬픔 앞에서 감정을 이해하는 눈치가 있는지, 감정을 기다려 주고 지켜봐 주는 멈춤의 배려가 있는지를 살펴보는 것이 더 중요하다. 공감은 누가 더 '감정적'인가에 관한 능력이 아니다. 공감은 타인의 마음을 향한 존중의 방향성이다. 논리로 설계된 말에도 따뜻함이 깃들 수 있고, 감정으로 채운 위로에도 무심함이 스며들 수 있다. 결국, 중요한 것은 느낌 자체가 아니라, 감정을 어떻게 다루는가이다.

슬픔 앞에서 우리가 할 수 있는 최선은, 감정 옆에 조용히 앉아 있는 일이다. 감정이 머무를 수 있는 자리를 내어주는 일이다. 분석하지 않고, 판단하지 않고, 이유를 묻지 않고, 그 자리에 함께 있어 주는 것이다. 마치 금세라도 눈물이 쏟아질 것 같은 눈을 바라보며, 아무 말 없이 손을 잡아주는 것처럼 말이다. 슬픔은 대답을 요구하는 감정이 아닌, '느껴도 괜찮다'라는 허락을 기다리는 감정이다. 우리는 슬픔을 극복해야 한다는 말로 은연중 감추는 존재로 여기기도 한다. 그러나 슬픔은 잊고 극복하는 것이 아니라, 때로는 함께 살아가는 일이다. 사라지는 감정이 아니라, 삶에 녹아드는 색조 같은 것이다. 어떤 감정은 말로 꺼내면 사라지기보다, 오히려 더 짙어진다. 그래서 사람들은 슬픔을 표현하는 대신 침묵을 택한다. 그 침묵은 종종 냉정하거나 무관심으로 오해되기도 하지만, 감정을 조심스럽게 다루려는 태도이기도 하다. 애니메이션 영화 〈토이 스토리 3〉에서 쓰레기 소각장 장면이 나온다. 장난감들은 쓰레기 소각장으로 끌려가며 다시는 탈출이 불가능하다는 것을 깨닫는다. 그 순간, 아무 말 없이 서로의 손을 꼭 잡는다. 이 장면에는 눈물도, 설명도, 절규도 없다. 조용히 운명을 받아들이는 장난감들의 모습만이 남는다. 슬픈 상황 속에서도 그들은 묵묵히 서로를 믿고 의지한다. 그들은 침묵으로 슬픔을 나누는 것이다.

슬픔은 말이 없을 때 가장 크게 존재한다. 슬픔이 머물 수 있는 조용한 공간을 허락할 때, 비로소 우리는 함께 감정을 나눌 수 있다. 말 없는 조용함을 선택할 때, 우리는 상대의 슬픔을 진심으로 존중하게 된다. 무언가를, 누군가를 잃었다는 슬픔은 그 존재가 내게 얼마나 소중했는지를 보여 주는 감정이다. 그래서 슬픔은 결코 나약함의 표식이 아니다. 숨겨야 할 것도, 부끄러워해야 할 것도 아니다.

누군가의 슬픔을 다독이고 싶다면, 슬픔 앞에서 조용한 끄덕임으로 답하면 된다. 말없이 쉴 수 있는 충분한 시간과 자리를 내어주는 것, 그리고 조용히 다가가 이렇게 말해 줄 수 있다.

"얼마나 슬픈 시간을 보내고 있니….
그 슬픔을 충분히 느껴도 돼."

슬픔은 말로 다 채우지 않아도 좋다.
그리고 이유를 굳이 묻지 않아도 된다.

슬픔은 고요하게
함께 머물수록 조금씩 덜어진다.

마음8

✷

울수록 마음은 웃게 되는 애도

"현실은, 당신은 영원히 애도하게 될 거란 사실이다."

— 엘리자베스 퀴블러 로스

 울고 있는데, 묘하게 웃고 있는 듯한 주인공의 표정이 범상치 않다. 바로 『눈물바다』라는 그림책의 강렬한 표지 장면이다. 이야기는 한 소년의 슬픈 하루로 시작된다. 시험은 망치고 점심밥은 맛없다. 짝꿍과 함께 장난을 쳐도 혼자만 혼난다. 집으로 돌아가는 길에 비가 오는데, 우산도 없어 흠뻑 젖는다. 집에 갔더니 부모님은 싸우고, 지친 소년은 밤새 울기 시작한다. 한참을 울고 난 뒤, 아침에 눈을 떠 보니 거대한 눈물바다가 만들어져 있다. 주인공은 바다에서 신나게 놀다가, 물에 빠진 사람들을 건져 주고 말려주기도 한다. 생각해 보면 사람들에게 미안하지만, "속이 시원하다"라는 문구와 함께 흐뭇한 웃음으로 마무리된다. 아이의 마음을 대변한 듯, 보기만 해도 스트레스가 풀리는 그림책이다. 어른이 봐도 실컷 울고 난 뒤의 시원한 카타르시스를 느낄 수 있다.

 사람은 미친 듯이 울고 나면, 어느 순간 슬픔의 무게가 조금은 가벼워진다. 눈물은 슬픔, 기쁨, 고통, 분노 등 다양한 감정의 분출을 통해 정신적인 정화 작용을 하기 때문이다. 잃어버린 슬픔이 밀려와 눈물이 흐르면, 상처 입은 마음이 그때마다 한 번씩 다독여진다. 아이러니하게도, 눈물이 날수록 마음은 웃게 된다. 울 수 있다는 것은 마음이 애도를 받아들인다는 것이다. 특히 사랑하는 사람을 떠나보낸 후 겪는 애도 기간에 울음은 다양한 얼굴로 찾아온다. 조용히 흐르는 과묵한 울음이 있고, 베개를 적시며 밤을 새우는 울음이 있다. 길거리 한복판에서 주저앉게 만드는 울음, 웃는 얼굴 뒤에 숨어 흐르는 울음, 어깨가 들썩이고 숨이 가빠지는 속절없는 울음도 있다. 울음은 상실을 실감하게 하는 말 없는 언어다. 말로는 전부 표현할 수 없는 부재의 무게가 눈물로 터져 나온다. 상실의 눈물은 단지 슬퍼서만 흐르지 않는다. 미련, 분노, 용서, 감사함…. 복잡하게 얽힌 감정들이 하나둘씩 터지며, 우리는 때로 미친 사람처럼 울 수밖에 없다.

　부모님을 떠나보낸 후, 시도 때도 없이 터지는 눈물로 감당하기 힘든 날들이 많았다. 일면식도 없는 사람들 사이에서 저항 없이 눈물이 터졌고, 오히려 아는 사람들 앞에서는 눈물이 꼭꼭 숨어 버렸다. 뒤돌아 혼자 있을 때는, '엉엉' 우는 소리를 내 귀로 들으며 울기도 했다. 울다 지쳐 잠든 밤도 많았다. 그건 도저히 마르지 않을 것 같은 끝없는 눈물바다의 시간이기도 했다. 손에 습진이 자주 생겨 연고를 바르던 어머니의 저녁 습관, 마이크를 잡고 조용필의 〈친구여〉를 부르던 아버지의 굵은 목소리, 식탁 위에 자주 올라오던 갓 구운 굴비, 남동생과 나란히 앉아 어머니가 깎아준 과일을 먹던 평온한 주말 오후….

　기억의 잔상들이 텅 빈 가슴을 찌르며, 나를 또다시 울게 했다. 눈은 매일 퉁퉁 부어 있었고, 코는 막혀 습관처럼 훌쩍였다. 울고 또 울다 보면, 어느새 진정되고 조금씩 정신을 차릴 수 있었다.

우리는 끝없이 애도의 시간을 겪는다. 애도란, 상실을 인정하고 사랑했던 존재를 진심으로 떠나보내는 일이다. 원 없이 울고 난 후에 남아 있는 자신을 조용히 끌어안아 주는 일이기도 하다. 세상이 요구하는 빠른 회복이나 망각은 애도와 거리가 있다. 때로는 제자리에 주저앉아 끝없이 흐르는 눈물을 있는 그대로 다 받아내야 한다. 울음은 과거를 지우는 것이 아니라, 상실을 삶의 일부로 받아들이기 위한 준비를 나타낸다. 애도의 시간 속에 흐르는 눈물은, 마음을 웃게 하는 가장 조용한 방식이다. 말로 형용할 수 없는 고통 속에서, 마음은 비로소 해방된다. 정말 깊이 울어 본 사람만이 안다. 울음 끝에 찾아오는 맑은 고요의 세계를 만난다. 울음을 부끄러워하지 않고, 약하다고 숨기지 않으며, 슬픔을 통해 살아 있는 자신을 확인하는 것이 중요하다.

　눈물이 희미하게 얼룩진 자리에, 삶이 천천히 다가온다. 고개를 들어, 지나온 자리와 지금의 자리를 바라본다. 그동안 얼마나 사랑했고, 얼마나 살아 냈는지를 조금씩 발견하는 것. 그것이 바로 진짜 애도의 방식이다. 울고 난 뒤에, 눈물바다만큼 넓고 조용한 마음의 호수가 생긴다. 어떤 돌을 던져도 잔잔한 파동만이 감도는 호수 위로 다시 눈물비가 내릴지도 모른다. 하지만 눈물비가 그친 후 다시 고요한 상태로 되돌아간다. 그만큼 눈물은 평온한 마음을 조금씩 빚어낸다.

  울 수 있는 것, 그만큼 후련한 애도법은 없다.
  그래야 비로소 마음이 웃게 된다.
  그리고 남겨진 삶이 수월해진다.

마음9

죽고 싶지만 다시 살아지는 인생

"그들의 하늘이 무너지던 날, 처음으로 무쇠가 무너졌다.
아비의 울음이 파도를 덮었다."

— 드라마 〈폭싹 속았수다〉, 6화 中

어떤 날은 잘 지내다가도, 또 어떤 날은 죽고 싶을 때가 있다. 일반적으로 사람들이 말하는 '죽고 싶을 정도로 힘들었어.'라는 일시적 감정이 아니다. '이대로 죽을 수도 있겠다.'라는 검은 그림자가 불쑥 들어오는 것이다. 삶의 의미가 무너지고, 지금이라는 시간 자체를 피하고 싶어진다. 어느새 죽음에 관한 생각이 별것 아닌 것처럼 느껴진다. 결국, 잃어버린 일로 혹독한 시련을 겪는 이들에게 무서운 마음을 품게 한다. 단순히 '죽고 싶을 정도'가 아닌, 단호히 '죽고 싶다'라는 마음의 확신이 커지는 것이다. 특히 사랑하는 이를 먼저 떠나보낸 사람이라면, 어쩌면 '죽고 싶다'라는 말과 함께 날마다 견디고 있을지 모른다. 사랑했던 사람의 상실 앞에서 함께 가고 싶은 마음이 생겼다는 사실은 믿고 싶지 않은 현실이다.

 넷플릭스에서 방영된 인기 드라마 〈폭싹 속았수다〉에 나온 한 장면이 있다. 태풍이 몰아치던 어느 날, 엄마를 찾아 나선 셋째 아들 동명이의 죽음이 담긴 신이다. 뒤늦게 아이를 찾다가 엄마 애순이는 차갑게 식어버린 동명이를 마주하게 된다. 자식을 품에 안고 잃은 슬픔을 고스란히 느끼게 하는 이 먹먹한 장면은 많은 시청자를 오열하게 했다. 잃어버린 슬픔의 절규는 말로 다 할 수 없는 참담함 그 자체일 것이다. 자식 잃은 어미는 바다보다 더 운다는 드라마의 대사가 유독 가슴이 아프다. 이 장면을 보면서 부모라면 대신 죽고 싶었을지도 모른다는 생각이 들었다. 지켜주지 못한 죄책감이 쏟아지면서 저절로 극한 생각이 들 수 있다. 그런데도, 이 대사 하나가 남겨진 이들을 겨우 오늘로 데려다 놓는다.

"살민 살어진다."

 부모가 되어보니, 드라마 같은 일은 상상하고 싶지 않아졌다. 그러나 우리 주변에는 비슷한 일로 지금도 고통을 겪는 사람들이 많다. 2014년에 발생한 세월호 참사 사건, 2022년의 이태원 참사 사건으로 여전히 자식을 묻고 살아가는 부모들이 있다. 영원히 자식을 잊을 수 없고 가슴에 새기며 살아가는 것이다. 감당할 수 없는 슬픔과 지워지지 않는 트라우마 속에서, 그들은 여전히 버텨 살아 내고 있다. 주변에서 수도 없이 들었을 '살다 보면 살아진다.'라는 묵직한 말 한마디를 마음에 새기며 지금도 살아가고 있을 것이다.
 '살면 살아진다니, 그게 어떻게 말이 돼?'
 한때 나는 이 말에 대한 반감이 컸다. 죽고 싶을 만큼 아픈 사람에게 그 말은 너무나 무심하게 들렸다. 살아지지 않는 하루를 어떻게 버티고, 도대체 무엇이 남아 있다고 여기는 건지 이해할 수 없었다. 그런데 이 말은 자꾸 마음에 맴돌았다. 생각보다 인생은 자주, 그리고 죽지 않고 다음 날을 맞이하게 했다. 죽고 싶은데 커피는 내려 마셨고, 슬픔 속에서도 밥은 삼켰다. 사람을 피하고 싶었지만, 고립되는 것은 힘들었다. 우울해서 울다가도 아무렇지 않게 전화를 받았다. 동시에 어떤 아침에는 일어나자마자 다시 눈을 감았으며, 어떤 밤에는 끝없이 가라앉았다. 무기력한 시간을 유튜브 앞에서 흘려보냈고, 누군가 보낸 메시지에 대꾸할 힘조차 없어 형식적인 답변만 겨우 하고, 연락을 회피한 적도 있다. 이 시간은 살고 싶어서가 아니었다. 살아야겠다고 결심한 것도 아니었다. 그저 살아진 시간일 뿐이었다. 그러던 어느 날, "죽지 못하면 또 눈뜨고 살겠지."라는 말이 저절로 튀어나왔다. 그 말처럼 하루 이틀, 그리고 몇 달, 몇 년을 계속해서 살아 내고 있다.

 '살면 살아진다.'라는 말의 깊은 의미를 시간이 지나고 나서야 알게 되었다. 살아진다는 것은, 거창한 결심이 아니라 하루하루를 조금씩 회복해 내는 일이었다. 눈물이 덜 흐르는 날이 생기고, 몰입할 수 있는 일에 잠깐 정신이 빼앗기는 시간이 늘어난다. 갑자기 바쁜 일들로 감정을 들여다볼 겨를도 없어진다. 지나가다가 눈에 들어온 풍경이 문득 예쁘게 느껴지는 순간도 생긴다. 가끔 거슬리던 상대방의 말에도 한 번쯤은 대수롭지 않게 넘길 수 있게 된다. 시간이 지나면, 잃어버린 존재를 가끔은 덤덤하게 꺼내 놓을 수 있게 된다. 분명, 완벽한 회복은 아니었다. 그래도 그 모든 것들은 다시 살아지고 있다는 분명한 신호가 되어가고 있다.

살고 싶지 않아도 살아지는 시간이 있다.
그 시간 안에서
'살아도 괜찮을지도 모른다.'라는 감정이 조금씩 생긴다.

결국, 그렇게 우리는 또 살아진다.
그렇게 남겨진 인생을 살게 되는 것이다.

心帖
―― 마음첩 ――

잃어버린 마음의 소리

잃어버린 삶을 겪었을 때,
당신의 마음은 어떠했나요?

각 단계에 따라, 솔직한 마음의 소리를 기록해 보세요.
예시 문장을 따라 적어도 되고,
당신의 마음을 자유롭게 털어놓아도 됩니다.

1단계

(사물, 대상, 공간, 내면, 가치 등)을 잃어버린 후, 내 마음은 이랬다.

예시)

숨이 막혔다.

아무것도 안 하고 싶었다.

모든 것이 부질 없다고 생각했다.

"   "

심(心) 사라진 자리에 어떤 마음이 있나요?

2단계

그때, 마음이 내게 말했다.

예시)
"왜 자꾸 이런 일이 생기는 거야."
"그만 괜찮은 척하자."
"곧 지나갈거야. 기다리자."

" _____ "

3단계

지금, 마음이 나에게 외친다.

예시)
"더 울어도 돼."
"뭐 어때."
"잘 버텼다."

" _____ "

잔

꺼내지 못한 감정은
어떤 얼굴인가요?

마음 깊은 곳에서 흔들리던 감정의 잔상

"슬픔은 언제나 말이 없지만,
가장 진실한 얼굴로 나를 말해 준다."

감정 1

말을 잃을수록 먹먹한 마음
그리움

감정 스케치, '그리움'

"그날 이후, 저녁이 되면 공기 속에 그리움의 향이 남는다.
귀를 막아도, 그 사람의 목소리가 은은히 스며드는 것 같다."

말은 없었지만, 떠난 사람의 말은 여전히 마음속에서 울린다. 소리는 사라졌는데 귀는 자꾸 그 음색을 기억해 낸다. 그리움은 그렇게 시작된다. 더는 들리지 않지만, 여전히 들릴 것만 같은 순간들, 존재하지 않지만 존재하는 듯한 착각. 그 오묘한 감정들이 파도처럼 밀려온다. 어떤 날은 아주 가까운 곳에서, 어떤 날은 먼 구름처럼, 그리움은 다가왔다가 사라지고 다시 돌아온다. 그 사람의 표정, 몸짓, 숨소리도 모두 잊었다고 믿는 날조차 그리움은 마치 숨결처럼 살아 있다.

그리움은 말로 설명할 수 없는, 남겨진 감각의 잔향이다.

  잊은 줄 알았고, 이제는 괜찮다고 생각했다. 하지만 어디선가 익숙한 목소리 톤 하나에 온몸이 되살아난다. 한때는 폭풍 같았던 그리움이, 이제는 고요한 향기처럼 곁에서 맴돈다. 햇볕 좋은 날, 베란다에서 가볍게 터는 이불 사이로 익숙한 엄마 향이 난다. 오랜만에 떠난 여행지에서, 바닷바람 대신 아쿠아 빛 칵테일 향이 그리운 가슴을 찌른다. 달콤한 아이스크림을 먹는데, 따스한 추억이 입안 가득 퍼진다. 떠난 사람과 함께 있을 때 느꼈던 기분, 온도, 분위기가 지워지지 않는 감각으로 남아, 그리움이 여전히 일상에 머물고 있다.

  이러한 그리움의 잔향은 무심코 스쳐 지나가기도 하지만 갑작스레 멈추게 한다. 그리움은 보고 싶은 마음이라기보다, 그 사람이 없다는 현실을 문득 깨닫는 감정이기도 하다. 빈자리가 너무도 분명해지는 순간, 가슴이 아려오며 말문이 막힌다. 차마 '보고 싶다'라는 말이 나오지 않는다. 그리움은 말을 잃고, 먹먹함이 된다.

  아버지가 돌아가신 해, 나는 미국으로 어학연수를 떠났

다. 남동생은 군대에 갔고, 어머니는 홀로 사별의 충격을 견뎌 내야 했다. 지금까지 살면서 가장 후회되는 일 중 하나는 그 시기에 외국을 간 나의 선택이다. 남겨진 가족을 걱정만 했을 뿐, 나의 욕심을 포장하며 무작정 해외로 떠나 버렸다. 스물네 살의 나는 그만큼 철이 없었다. 그렇게 떠난 타지에서, 나는 2주 넘게 장염에 시달렸다. 매일 복통과 탈수로 지쳐 있을 때, 국제전화 너머 어머니의 목소리를 듣자마자 눈물이 핑 돌았다.

"아파서 어쩌냐, 누가 죽 끓여 주는 사람은 없는 거지?"

어쩔 줄 모르는 어머니의 걱정 뒤로 그리움이 밀려왔다. 아플 때마다 나를 식탁으로 깨우던 어머니, 그 식탁에는 늘 김이 모락모락 피어나는 따뜻한 누룽지가 있었다. 음식을 몇 숟가락 뜨면 거짓말처럼 배가 진정되었다. 그때 내가 그리웠던 것은 누룽지가 아니라 어머니의 손길이었다. 더 깊이 그리웠던 것은, 당장 안길 수 없는 어머니의 품이었다. 차마 많이 아프다는 말을 하지 못하고, 연신 "조금 괜찮아졌어."라고 힘없이 어머니를 다독였다. 목이 갑자기 따끔거리고, 말은 더 이어지지 않았다.

먹먹함은 슬픔보다 더 조용하다. 울지도 못하고, 말하지도 못하는 감정의 정지 상태다. 숨은 쉬지만, 감정은 멈춰버린 듯하고, 눈물은 고이지 않는데 마음은 이미 울고 있다. 홀로 좁은 방 안, 어머니가 보내준 전기담요에 의지하며 타지에서 먹먹한 그리움을 오랫동안 견뎠다. 그날의 복잡한 감정들이 지금도 쉽게 잊히지 않는다.

마음이 아리고 먹먹하다면, 그것은 그리움이 진해지는 날이다. 누군가 자리에 앉아 있는 듯한 느낌, 텅 빈 방 안에 여전히 남아 있는 체온, 누군가 부르는 목소리를 착각할 때, 그리움은 다시 살아난다. 눈앞에 없는데도, 여전히 곁에 있는 듯한 감정이다. 지워지지 않는 흔적처럼 그리움은 한참 동안 남겨진 시간 속에 머물러 있다.

먹먹한 날에는 이겨 내려 애쓰지 않아도 된다. 그리운 사람과 나란히 앉아 있는 듯, 조용히 하루를 보내는 것만으로 충분하다. 억지로 지우지 않고, 그리움을 곁에 두는 것. 그 또한 회복의 또 다른 얼굴이다.

그리움이 깃든 자리는 아픔만 남지 않는다.
기억의 잔향이 서서히 스며들어
언젠가 반가운 자리로 바뀐다.

먹먹함의 끝에서 피어나는 희미한 미소 하나.
그 순간, 우리는 마음을 살며시 달랜다.

感情盞
— 감정잔 —

잃어버린 감정 스케치

그리움
남겨진 잔향을 계속해서 맡아 보는 순간

Q. 지금 문득 그리운 것 또는 대상

_____

Q. 잃어버린 것 혹은 떠난 대상과 함께한 기억 중, 아직도 선명한 장면 하나는?

_____

Q. 그리움으로 남아 있는 장소, 물건, 향기, 노래가 있나요?

장소: _____

물건: _____

향기: _____

노래: _____

Q. 그때 하지 못했던 말 또는 마음이 있다면, 오늘 대신 표현해 보세요.

" _____ "
_____

감정 2

✦

입을 다문 채 타오르는 불꽃
분노

감정 스케치, '분노'

"그날 이후, 나는 이를 악물었다.
말 대신 불을 삼켰다."

"왜 하필 나에게 이런 일이 생긴 거야!"

잃어버린 일을 감당하기 힘들 때, 마음속 어딘가에서 불꽃이 타오르기 시작한다. 사소한 짜증이 겹치며 부딪히고, 그 끝에서 불이 붙는다. 이 감정은 일시적으로 치솟았다가 사그라드는 분노가 아니다. 어떤 날은 멀쩡히 하루를 보내다가, 문득 부정적인 생각이 엄습한다. 그러면 온몸이 떨리고, 폭발할 듯한 감정의 화염에 휩싸인다.

스위스 출신 미국의 정신과 의사 엘리자베스 퀴블러 로스는 '애도의 단계' 이론에서 분노를 자신의 상황에 대한 강한 불만에서 비롯된다고 설명한다. 겪은 일이 불공평하다는 생각은 일종의 반발심을 유발한다. 건강을 잃은 환자는 자신을 치료하지 못하는 의료진에게 화를 표출하기도 한다. 건강한 사람들과 자신을 비교하며 부러움과 질투를 공격적인 감정으로 나타내기도 한다. 이러한 분노는 겉으로 드러날 때도 있지만, 시간이 지날수록 안으로 감춰진다. 그렇다고 사라진 것은 아니다. 이를 악물고, 말 대신 내면의 화염을 억누를 뿐이다.

분노는 겉으로는 조용한 감정이다. 소리치고 물건을 깨뜨릴 때만 분노가 있는 게 아니다. 말하지 않는 순간에도, 상실 앞에서 우리는 속으로 열을 품고 산다. 열은 몸 어딘가를 조이고, 심장을 쿵 하고 눌러 앉히며, 입안을 바짝 마르게 만든다. 누구에게도 드러내고 싶지 않은 감정이지만, 속은 점점 붉어지고, 안에서 불을 피운다. 폭발하지 않기 위해 애쓰며, 자신을 조용히 태운다. 그래서 마치 분노는 '입을 다문 불꽃' 같다.

한동안 나는 내면의 화염 속에서 지독한 분노와 싸워야 했다. 나는 다양한 형태의 상실을 연달아 겪었다. 부모님 두 분 모두 긴 투병 끝에 건강을 잃으셨다. 생명이 서서히 꺼져 가는 과정을 지켜보며, 하루아침에 평온한 일상을 빼앗겼다. 병원에서 간병을 하며 삶의 희망을 붙잡으려 애썼지만, 고통스러운 현실 앞에서 삶의 의미는 번번이 무너졌다. 부모님이 가끔씩 도와주신 경제적 지원마저 완전히 끊긴 뒤에야, 내가 얼마나 감사하고 여유롭게 살아왔는지 깨달았다. 홀로 서야 하는 경제적 독립은 생각보다 마음을 굉장히 불안하게 만들었다. 오랫동안 다닐 거라 믿었던 회사마저 사라졌고, 삶에 대한 의욕도 함께 사라졌다. 마음 깊숙이 쌓인 복잡한 감정은 녹아내리듯 흩어졌고, 무너져간 자존감은 결국 삶을 향한 의지마저 빼앗아 갔다. 연속된 상실로 나를 가장 힘들게 했던 것은, 바로 겉으로 드러내지 못한 분노였다. 누군가 나의 실체를 알아차릴까 봐, 하루에도 몇 번씩 이를 악물었다. 말 대신 불을 삼킨 채 지냈다. 잃어버린 삶 이후, 처음에는 막연한 신세 한탄이 많았다. 곱씹을수록 삶은 억울했고, 세상도, 사람도, 신마저도 원망스러웠다. 분노의 불꽃이 일 때마다, 심장이 두근거리고 가슴이 조여들었다. 눈이 흐려지고, 귀가 멍해지며, 손끝이 떨리기도 했다. 결국, 분노로 인한 화병이 생겨 며칠씩 몸의 상태도 무너졌다. 그런 나날을 홀로 견디며, 뜨겁게 타오르는 감정과 말없이 싸웠다.

분노는 침묵 속에서 가장 격렬하게 타오른다. 그 안에는 정리되지 못한 슬픔, 말하지 못한 진심, 끝나지 않은 억울함이 있다. 입을 다문다는 것은, 더는 말로 표현할 수 없다는 뜻이다. 불꽃의 비유는 터지지 않고, 그냥 타고만 있는 감정, 속으로 모든 것이 천천히 녹아내리는 상태와도 같다. 분노는 말없이 녹아내리지만, 그 감정은 한순간에 사라지지 않는다. 상실 이후, 남겨진 사람은 슬픔을 먼저 만난다. 하지만 시간이 흐르면, 슬픔은 계속해서 변해간다. 슬픔이 치유되지 않으면 억울함이 되고, 억울함이 깊어지면 결국 분노가 된다. 그리고 매일 몇 번씩 묻게 된다.

"왜 그 사람은 빨리 떠났을까?"
"열심히 살아도 정작 돌아오는 것은 이것뿐인가?"
"다른 사람의 삶은 그대로인 것 같은데, 왜 나만 변하는 걸까?"

 답이 없고, 이유도 없이 벌어진 상실 앞에서 사람은 결국 분노를 맞이하게 된다. 대상이 없는 분노는 자신을 향해 결국 되돌아온다. 자신을 스스로 책망하고, 상황을 부정하며, 말없이 속을 태운다. 분노의 화살이 결국 자신을 겨눌 때, 속수무책으로 무너져 상실의 고통을 마주하게 된다. 상실 뒤에 오는 분노는 잃은 것을 애도하지 못했거나, 현실을 받아들일 준비가 되지 않은 상태에서 가장 먼저 찾아온다. 분노는 잘못된 감정이 아니다. 슬픔과 허탈감이 찾아오기 전, 누구나 마주하는 자연스러운 얼굴이다. 다만, 너무 오래 움켜쥐고 있으면 그 불은 자신을 갉아먹는다. 누군가를 향한 분노든, 나를 향한 분노든, 결국 감정의 불씨는 내 안에서 시작되어 삶의 틈새를 계속해서 태워 버린다.

 이 불씨를 다스리는 방법은 억지로 눌러 끄는 것이 아니라, 마음을 천천히 식히고 해소하는 데 있다. 거세게 타오른 감정을 힘으로 누르면 그 속에서 더 깊고 날카로운 불꽃이 되살아난다. 그래서 우리는 불을 끄는 대신, 불길의 방향을 바꾸어야 한다. 찬 바람이 서서히 온도를 낮추듯, 분노와 슬픔이 부드럽게 식어가도록 기다리는 것이다. 새빨갛게 달아오른 마음이 한순간 검게 타버린 재로 변하지 않게, 서서히 숨을 고르고 다시 바라본다. 거친 화염은 조금씩 숨을 죽이고, 남은 자리에 은은히 타오르는 조용한 불씨가 놓인다. 그 불씨는 언젠가 자신을 비추며 마음을 천천히 풀어 줄 것이다.

한때는 타올라 나를 집어삼키던 불꽃도
시간 앞에선 결국 사그라든다.

그러나 남겨진 작은 불씨가
다시 삶을 비추는 빛이 된다.

感情盞

감정잔

잃어버린 감정 스케치

분노

말하지 않았을 뿐, 마음은 뜨겁게 불타고 있던 시간

Q. 상실 후, 나를 가장 화나게 했던 것(대상, 사건, 상황, 말, 태도, 행동)

Q. 그때, 분노의 감정을 말하지 못했던 이유가 있다면?

Q. 내 안의 분노에 구체적인 '이름'을 붙여 준다면?

내 안에 머물러 있던 분노를 하나의 존재로 비유해 본다면 어떤 모습일까요?
(예시: 나의 분노는 '소리 없는 번개'였다. 안에서 계속 치고 있었지만 아무도 몰랐다.)

감정3

자꾸만 외면하고 싶은 말 없는 저항
부정

감정 스케치, '부정'

"슬퍼지기에는 아직 너무 이른 마음.
그게 나의 부정이었다."

"솔직히 말해서…."

누구에게나 무심코 내뱉는 말버릇이 있다. 가수 아이유 씨도 어느 토크쇼에서 자신의 말버릇이 "이러나저러나"라고 고백한 적이 있다. 나의 경우, 대화를 시작할 때마다 솔직함의 갈망을 담은 말을 서두에 붙인다. 왜 이 말이 항상 입에 붙었는지 정확히는 알 수 없다. 아마도 진솔하고 진지한 대화를 전하고 싶은 마음이 그 습관을 만든 것이 아닐까. 무의식 속에 뿌리내린 말버릇은 스스로 인지하기 쉽지 않다. 어떤 사람은 상대의 말을 자주 끊고, 또 어떤 사람은 늘 부정부터 내뱉는 말투를 갖는다. 그렇게 우리 각자는 자신도 모르게, 말의 습관으로 마음을 드러낸다.

"아니, 그게 아니라."

상대의 말이 채 끝나기도 전에, 반사적으로 튀어나오는 방어적인 언어다. 주변에도 이런 말버릇을 지닌 사람들이 있다. 누군가의 말을 듣자마자 먼저 선을 긋고, 곧바로 자신의 의견을 내세운다. 자세히 관찰해 보면, 이런 부정의 말투에는 몇 가지 공통된 기제가 숨어 있다.

첫째, 자기 생각이 너무 뚜렷해 되돌아보려는 여지가 적다는 점.
둘째, 말 속에 자신을 방어하려는 얕은 변명이 담겨 있다는 점.
셋째, 자신의 내면을 깊이 들여다보지 못한다는 점.

물론 이 해석은 개인적인 관찰에서 비롯된 것이다. 대구가톨릭대학교 박영석 교수는 〈경북일보〉 칼럼에서 "부정적인 말버릇은 자신을 모르는 데서 비롯된다."라고 밝힌 바 있다. 자신이 옳다는 확신이 강할수록, 타인을 판단하고 자신의 주장을 고집하기 쉬운 법이다. 부정의 말투는 결국 불편한 대화를 만들어 내고, 반복될수록 관계의 거리마저 벌어지게 한다.

하지만 누구나 한 번쯤은 '부정'을 입에 달고 산다. 부정이 진짜 무겁게 다가오는 순간은, 믿고 싶지 않은 일이 벌어졌을 때다. 사랑하던 사람이 떠나거나, 아끼던 것이 사라졌을 때, 이런 말들이 자연스럽게 튀어나온다.

"아니야. 거짓말이지."
"설마…. 아직 아니야."

평소 "솔직히 말해서"를 입에 달고 살던 사람도, 그 순간만큼은 진실을 부정하며 거짓된 희망을 붙잡는다. 일단, 믿지 않으려 한다. 진실을 외면하려는 것이 아니다. 무너지지 않기 위해, 살아남기 위해 본능처럼 치켜세운 마음의 방패다. 상실을 인정하지 못하는 마음은 부정이라는 얇은 껍질을 두른다. 그것은 단순한 회피가 아니라, 감정의 무게를 감당할 힘이 없을 때 자신을 감싸는 가장 원초적인 생존 방식이다. 마음이 붕괴하지 않으려 "아니야."라는 말이 먼저 나온다. 부정은 슬픔과 두려움이 문 앞에 다다르기 전, 마음을 잠시 숨겨 두는 어둡고 조용한 방이 된다. 마치, 눈물 한 방울 흘릴 각오조차 서지 않았다는 말 없는 외침 같다.

어떤 사람들은 장례식장에서도 눈물조차 흘리지 않는다. 너무 담담해서 오히려 이상하게 보일 정도지만, 그건 감정을 외면하는 게 아니다. 깊고 거대한 감정이 덮쳐 온 나머지, 감정을 감당할 수 없어 스스로 마음의 문을 닫은 것이다.

"그럴 리 없어."
"이건 꿈일 거야… 어떻게 살라고…."

부정의 말들은 현실을 받아들이지 못한 채 끝없이 되뇌는 독백이 된다. 독백의 시간은 생각보다 길다. 그리고 부정을 천천히 인정할 무렵, 슬픔의 물결이 조용히 마음을 덮기 시작한다.

"슬퍼한다는 건, 용기 있는 일이다."

  부정을 거두고 진실을 바라볼 때, 슬픔은 가장 깊은 용기의 얼굴로 다가온다. 누군가는 일주일, 누군가는 몇 달, 어떤 이에게는 평생이 걸릴 수도 있다. 그 시간이 흘러야만 우리는 비로소 '부정'이라는 감정의 방에서 서서히 걸어 나올 수 있다. 진실을 받아들이는 순간까지, 남겨진 사람은 스스로 무너지지 않기 위해 애써 버틴다. 인정하고 싶지 않아서가 아니다. 너무 아꼈기에 차마 직면할 수 없는 것이다. 그래서 부정은, 상실이 남긴 가장 측은한 감정이기도 하다.

  너무 소중했기에 멈춰 설 수밖에 없던 마음

끝내 입 밖으로 꺼내지 못한 부정은,
말 없는 슬픈 얼굴이다.

感情盞

--- 감정잔 ---

잃어버린 감정 스케치

부정

믿고 싶지 않았던 진실 앞에서, 마음이 문을 닫는 순간

Q. 상실 후, 어떤 사실을 가장 처음 '믿고 싶지 않았다'라고 느꼈나요?

Q. 그때 가장 먼저 튀어나온 말은 무엇이었나요?

(예시: "말도 안 돼.", "설마…", "거짓말이지.")

잔(盞) 꺼내지 못한 감정은 어떤 얼굴인가요?

Q. 그때 왜 그것을 믿고 싶지 않았나요?

(예시: 겪어보지 않아서, 받아들일 준비가 되지 않아서, 충격이 컸기 때문에)

_____

Q. 부정하는 동안, 어떤 감정들을 억누르거나 외면했나요?

(✓체크하기)

☐ 두려움 ☐ 분노 ☐ 무력감 ☐ 후회 ☐ 슬픔 ☐ 죄책감

Q. 부정의 감정에 힘들어하는 자신에게 하고 싶은 말은 무엇인가요?

이제는 슬퍼할 용기를 내어도 괜찮은 걸까요?

_____

감정 4

비어 있는 의자에 앉은 그림자
외로움

감정 스케치, '외로움'

"그 사람은 떠났고,
내 마음은 빈 의자에 앉아 아직 대화 중이었다."

 사람은 사람으로 인해 가장 깊은 외로움을 느낀다. 마음을 알아주는 이가 곁에 없을 때, 가장 가까운 가족과 마음이 멀어졌을 때, 혹은 나를 소외된 존재로 만드는 관계 속에 있을 때…. 외로움은 일상의 틈새에서 조용히 얼굴을 드러낸다. 항상 주변에 사람이 많은 이들이 있다. 소위 '만인의 연인'처럼 인기 많고 매력적인 사람들이다. 그들은 대체로 사람을 좋아하고, 관계 속에서 에너지를 얻는다. 필요에 따라 인간관계를 능숙하게 조절하며, 불편한 상대에게는 큰 의미를 두지 않는다. 반면에, 그들과는 조금 다른 결을 가진 사람들이 있다. 사람을 좋아하지 않는 것은 아니지만, 진짜 마음을 털어놓을 수 있는 단 한 사람을 간절히 찾는 이들이다. 관계의 폭보다는 깊이를 중요시하고, 말보다 마음의 결을 더 먼저 읽는 사람들이다.

  나는 후자에 가까운 사람이었다. 한때, 인간관계로부터 오는 외로움이 크게 밀려왔던 시기가 있었다. 마흔 중반이 되면서 관계의 결은 서서히 달라졌다. 예전에는 자주 연락하고 만나던 사람들이 어느새 자연스레 멀어졌다. 반대로, 꼭 연락을 자주 하지 않아도 편안하고 어색하지 않은 관계들도 생겨났다. 그런 변화 속에서 예상치 못한 새로운 인연도 찾아왔다. 하지만 관계가 어떻게 달라져도, 외로움은 어김없이 찾아왔다. 그 외로움은 단순히 '사람이 부족한 자리'에서 오는 것이 아니었다. 마음을 진심으로 나눌 수 있는 존재에 대한 갈망이 점점 더 커져만 갔다. 부모가 되어 육아의 세계로 들어서면서 외로움은 더욱 자주 찾아왔다. 이상하게도, 남편이 있고 아이도 곁에 있는데 그 감정은 더 깊어졌다. 대부분의 하루를 홀로 작업을 하고 일하며, 혼자 밥을 챙겨 먹고, 집안일과 육아에 묻혀 보내는 날들이 이어졌다.

어느 날은 퇴근하고 돌아온 남편에게 말문이 터진 사람처럼 지나치게 많은 이야기를 쏟아 낸 적도 있었다. 온종일 누구와도 감정을 나누지 못한 채 쌓여 버린 말의 무게가 그 순간에서야 겨우 덜어졌다. 가끔 소수의 지인과 통화를 할 때면 잠시 외로움이 누그러지기도 했다. 그러나 그 짧은 온기가 사라지고 나면, 지독한 외로움이 다시 찾아왔다.

물론, 모든 외로움이 관계 속에서만 비롯되는 것은 아니다. 어떤 외로움은 이제는 존재하지 않는 사람으로부터 시작된다. 돌아갈 수 없는 시간, 다시는 울리지 않는 번호, 함께 가던 곳에서 혼자 멈춰 선 순간들. 그때의 외로움은 단지 고독이 아니라, 상실의 그늘인 것이다. 누군가를 잃은 뒤 생긴 빈자리가 만든 조용한 울림이었다. 상실의 삶은 인간관계의 모양을 천천히 바꾸어 놓기도 한다. 오래된 인연이 멀어지는 것만큼, 가까운 사이에서도 말 없는 거리를 만들기도 한다. 누군가를 들여다볼 마음의 여유조차 사라지고, 나로 고립된 시간만으로도 버거웠다. 그래서 가까운 사람에게는 오히려 더 털어놓지 못했다. 가끔 연락이 오가는 사람들조차, 내가 어떤 모습으로 버티고 있는지 알 리 없었다. 어느 날, 용기 내어 살짝 드러낸 마음이 뜻밖에 상처로 돌아오기도 했다. 크게 공감이 닿지 않는 상대의 얼굴을 바라보며, 더는 말을 잇지 않고 침묵을 선택했다. 상실의 무게는 끝내 침묵으로 이어져, 고요한 외로움만 남게 했다.

나의 외로움을 더 깊게 만드는 것은, 상실 후 불쑥 찾아오는 우울이었다. 나는 여전히 과거에 머물러 있었다. 그 미련과 외로움은 삶을 천천히 우울로 물들였다. 갑자기 불안이 밀려오던 날, 부모님이 유난히 그리워졌다. 그날은 아이의 작은 사고에 놀라 가슴을 쓸어내렸던 날이기도 했다. 가게 운영으로 힘들어하는 동생에게 어떤 도움도 주지 못한 날, 무기력과 자기 의심으로 아무 일도 시작하지 못한 날, 몸이 너무 아파 식은땀을 흘리며 아이를 안고 버텨야 했던 날, 마음 편히 친정집에 가서 한 시간만이라도 낮잠을 자고 싶었던 날, 책이 세상에 나오고 새로운 일이 시작되어도, 그 모든 고민의 시간과 기쁨의 순간들을 가장 먼저 전하고 싶은 존재가 없다는 사실이 씁쓸하게 다가온 날. 많은 날 위에 부모님의 상실은 늘 고요히 겹쳐져 있었다. 상실은 나의 정서적 외로움을 더 깊게 만들었다. 자주 울적한 기분이 올라왔다. 상대방의 악의 없는 말이었지만, 마음엔 부러움과 상처가 묘하게 뒤섞여 남았다.

 이런 감정은 누군가에게 털어놓기조차 어려워 더 괴로웠다. '아직도 돌아가신 부모님 이야기를 하냐'는 차갑고 지겨운 시선이 두려웠다. 훈수를 듣는 것도 싫었고, 내 이야기가 누군가의 기분까지 무겁게 만드는 것도 원하지 않았다. 그래서 더 잘 지내야 한다는 압박만 깊어졌다. 그렇게 나는 매일, 가슴속에서 끝없이 펼쳐지는 감정의 파노라마와 마주해야 했다. 사라진 이들의 빈자리는 잊히지 않고, 외로움의 그늘 속에서 자주 머물렀다.

 이런 시간 속에, 잃고 나서야 누군가의 자리가 얼마나 컸는지 새삼 알게 되었다. 그 자리는 어떤 것으로도 채워지지 않는다. 그래서 외로움은 단순히 혼자 있는 상태가 아니라, 함께였던 기억을 껴안고 있는 빈 마음의 상태가 된다. 웃고 있는 자리에서도 문득 마음이 멈춰지는 순간이 있다. 떠난 사람이 대화 속에 불쑥 나타나고, 다시 그림자가 되어 곁에 드리워진다. 외로움의 그림자는 늘 마음 한쪽을 차지한다. 더는 만질 수도, 볼 수도, 들을 수도 없지만 사라진 존재의 빈자리를 조심스레 더듬는다. 울고 또 웃으며 함께한 모든 기억을 가만히 꺼내어 바라보고, 다시 조용히 마음속 서랍에 넣는다.

오늘따라 빈 의자에 떠난 존재의 흔적이 보이는 것 같다. 잠시 다리를 웅크리고 머리를 의자 등받이에 기대본다. 눈을 감고 있으니, 떠난 이의 모습과 기억이 오래된 영화필름처럼 천천히 흘러간다. 아무 말 없이 머문 자리에서, 천천히 숨을 쉬어본다. 그렇게 또 하루, 사라진 존재의 그림자와 나란히 앉아 있다.

오늘도, 외로움은
사랑이 머물다 간 자리에
허전한 그림자로 남아 있다.

感情盞

―― 감정잔 ――

잃어버린 감정 스케치

외로움

누군가의 자리가 오래 비어 있을 때, 마음에 그림자가 앉는 시간

Q. 감정 위치 - 마음의 의자는 어디에 있나요?

당신의 마음속에 하나의 의자가 있다고 상상해 보세요.
그 의자는 어디에 놓여 있나요?
아래 중 하나를 선택하고, 이유를 한 줄로 써 보세요.

현관 앞

창가

식탁 옆

오래된 책상 앞

아무도 없는 방 한가운데

그 의자는 왜 그곳에 있나요?

이유 : _____

Q. 그림자 기록 - 빈자리 드로잉

당신이 떠올리는 '빈 의자'를 그려 보세요.

Q. 그림자처럼 남아 있는 '외로움의 마음'을 한 단어로 표현해 보세요.

(예시: 그리움, 텅 빈 방, 환청, 마지막 침묵)

_____

감정5

무음으로 재생되는 오래된 영상
슬픔

감정 스케치 '슬픔'

"슬픔은 무음 속에서 깊어졌다.
목소리를 잃은 채, 마음은 끝없이 울고 있었다."

문득, 노래가 듣고 싶어질 때가 있다. 그럴 땐 가사 없는 연주곡을 찾는다. 오직 악기의 선율만으로 이루어진 곡을 들으면, 오히려 그 안에 담긴 '목소리'가 더 선명하게 들린다. 튕기듯 흐르는 선율에는 발랄함이 스치고, 문득 스며드는 쓸쓸함은 조용히 마음을 끌어내린다. 그중에서도 단조의 음악은 감정을 깊숙이 데려간다. 슬픔, 고요함, 고뇌처럼, 말로 설명하기 어려운 감정들이 단조의 흐름 속에서 조용히 깨어난다. 슬픔이 마음에 스며들기 시작하면, 감정에 천천히 젖어 들고 싶어 단조의 곡을 찾는다.

쇼팽의 녹턴 20번은 그런 순간에 어울리는 곡이다. 서정적인 선율 속에 담긴 조용한 비애와 아련한 그리움은, 말 한마디 없이도 마음 깊은 곳을 건드린다. 그 곡을 듣고 있는 동안, 슬픔은 마치 한 편의 무성영화처럼 재생된다. 가사 없는 감정이 악보 위에 흐르고, 침묵 속에서 마음의 선율은 드라마처럼 펼쳐진다. 슬픔은, 아무 말 없이 깊은 감정을 들려주는 '무음의 절규' 같다. 무언가를 잃었을 때, 가장 먼저 찾아오는 감정은 슬픔이다. 사람, 물건 혹은 자신의 한 조각을 잃어버렸을 때, 슬픔은 말없이 문을 두드린다. 때때로 눈물로 드러나지만, 더 자주 침묵 속에서 피어난다. 끝없이 흘러나오는 한숨, 말끝을 흐리는 망설임, 의미 없이 정면을 바라보는 눈빛 속에 슬픔은 깊어지는 것이다. 슬픔은 표현할 수 없을 만큼 미세하고도 묵직한 존재다.

울지 않는다고 해서 슬프지 않은 것이 아니고, 말하지 않는다고 해서 아프지 않은 것도 아니다. 잃어버린 사람들은 조용히 슬픔을 견딘다. 소리를 내지 않지만, 마음은 끝없이 울고 있다.

"엄마, 슬퍼서 울었어."

툭 하면 눈물부터 흘리는 네 살 딸아이를 달래는 건 쉬운 일이 아니다. 한번 울기 시작하면 좀처럼 그치지 않고, 상대방의 말투나 표정에 민감하게 반응한다. 언어 발달이 조금 더딘 아이는, 말보다 감정을 먼저 읽어내는 아이였다. 입에서 가장 자주 나오는 말 중 하나가 바로 '슬퍼서'다. 슬픔은 나쁜 감정이 아닌데도, 아이의 이 말이 반복될수록 왠지 모르게 알 수 없는 죄책감이 든다. 마치, 아이가 슬픔을 자주 말하는 것이 내 탓인 것만 같아서 또 한 번 마음이 쓰인다. 그러던 어느 날, 아이가 조심스럽게 말했다.

"외할머니랑 외할아버지는 아파서 하늘나라로 갔어.
 그래서 엄마가 슬퍼서 울었어."

침대 위에 놓인 돌아가신 어머니의 얼굴 사진을 아이에게 보여 준 적이 있다. 그리고 하늘나라에 계신 외할머니와 외할아버지 이야기를 슬쩍 건넨 적이 있다. 그때 들었던 말을 아이는 기억했고, 그것을 자기 언어로 되짚어 내 감정을 알아주었다. 그날, 나는 말없이 눈물을 삼켰다. 아이는 아직 죽음을 완전히 이해하지 못한다. 하지만, 만나지 못하는 사람에 대한 그리움과 슬픔은 아이의 마음에도 분명히 닿아 있었다. 불이 꺼진 방, 아무 소리도 나지 않는 어둠 속에서 나는 보이지 않는 눈물을 흘렸다.

상실의 슬픔은 스펙트럼이 넓다. 이별을 예감하는 순간부터 슬픔은 이미 시작된다. 이별을 받아들이기까지 머뭇거리는 시간에도, 떠난 뒤 찾아오는 절규 같은 고통에도, 슬픔은 매 순간을 따라다닌다. 사람이 너무 슬프면 처음에는 오열하다가도, 나중에는 소리조차 내지 못하고 조용히 눈물을 흘린다.

요즘 사람들은 슬픔을 마주하는 데 익숙하지 않다. 슬픔은 나약한 것이라 믿고, 가능한 회피하려 한다. 마음이 무너질까 두려워, 애써 아무렇지 않은 척한다. 하지만 슬픔은 피할 수 없는 감정이다. 오히려, 충분히 느껴야 비로소 마음이 치유된다. 슬픔을 억누르고 눌러 봤자, 언젠가는 더 큰 폭풍우로 밀려온다. 그러니, 슬픔이 찾아왔다면 그 감정 속으로 기꺼이 걸어 들어가야 한다. 흠뻑 젖고, 충분히 울고, 끝까지 머물러야 한다. 슬픔이 머물다 간 자리에도 언젠가 눈물은 마른다. 눈물이 마르고 나면, 잃어버린 상처 위로 천천히 살이 돋는다.

어디선가 소리 없는 슬픔의 기척이 있다면, 그 작은 목소리에 조용히 귀를 기울여 주길 바란다. 나 역시 오랜 시간 동안 슬픔 속에 몸을 묻고 살아왔다. 여전히 그곳에서 도망치고 싶을 때도, 완전히 벗어나고 싶은 순간도 많다. 하지만 이제는 슬픔을 온전히 받아들이며 고요한 시간을 건너기 시작했다. 가끔 너무 심각하고 무겁게 가라앉을 때마다, 나는 슬픔에 잠시 쉬어 가자고 속삭인다. 마음이 여전히 힘들더라도, 그래도 괜찮다며 나를 다시 한번 토닥인다.

슬픔은 언제나 말이 없지만,
가장 진실한 얼굴로 나를 말해 준다.

感情盞

감정잔

잃어버린 감정 스케치

슬픔
마음이 무거워지기 시작할 때 나오는, 소리 없는 절규

Q. 슬픔에 빠졌던 어느 날,
당신의 마음에 깔린 배경음악이 있다면 무엇일까요?

지금 떠오르는 음악 한 곡을 써 보세요.

Q. 그 노래를 들으며 어떤 장면이 떠오르나요?

(예시: 마시지도 못하는 소주 한잔을 걸치며 펑펑 울었던 어느 밤 11시)

Q. '슬픔의 장면' 한 컷

당신의 슬픔을 영화의 한 장면으로 묘사한다면?

(예시: "슬픔이란, 식탁에 마주 앉을 사람이 더는 없다는 걸 깨달은 저녁의 장면이다.")

"슬픔이란, _____ 장면이다."

Q. '슬픔 상자'에 넣어 둔 말

미처 꺼내지 못한 슬픔의 말을 적어 보세요.

(예시: "그냥 눈물만 나.", "웃어 넘겼지만 속으로 계속 울었어.")

" _____ "

감정6

발 없이 계단을 오르는 꿈
불안

감정 스케치 '불안'
"아무리 올라가도 도착하지 못하고,
멈추면 더 무너질 것 같아 계속 오르게 되는 계단"

 가끔 그런 꿈을 꾼다. 어디론가 올라가야 하는데 발이 없거나, 계단이 허공에 떠 있는 것 같은 기분이 고스란히 느껴지는 꿈이다. 계속 오르고는 있지만 어디로 가는지 알 수 없고, 한 발짝 내딛는 것조차 위태롭다. 그리고 갑자기 새벽에 눈을 뜬다. 마음이 계속 요동치며 심장이 잠을 깨울 정도로 뛴다. 형체도 없고 이유도 불분명한데, 분명히 존재하는 감정. 이것이 불안이다.
 트레이시 데니스 티와리의 책 『불안이 불안하다면』에서는 불안을 활발하거나 가라앉는 기분, 혹은 눈에 띄지 않지만, 고통으로 스며드는 감정이라 설명한다. 문제는 이러한 감정들이 오래갈 경우, 우리가 소중히 여기는 일상을 방해한다는 것이다. 그래서 불안을 어떻게 이해하고, 받아들이며, 견뎌야 하는지가 중요해진다. 그런데도 우리는 상당히 많은 날을 불안과 함께 살아간다. 별일 없어 보이는데도 괜히 가슴이 두근거리고, 마음이 복잡해지는 날이 있다. 나이가 들수록 일어나지 않은 일에 대한 걱정이 늘어간다. 불안은 점점 더 조용하고 무겁게 일상을 흔들고 있었다.

'무슨 일이 생긴 건 아니겠지?'

이 말은 이제 습관처럼 내 안에 머문다. 자기 일에서든, 가족의 하루에서든, 타인의 궁금함에 이르기까지, 작은 걱정의 씨앗들이 불안이라는 감정으로 번져가고 있다. 요즘은 이런 말을 자주 하게 된다.

"큰일 없이 하루가 지나가서 다행입니다. 감사합니다."

안도감과 함께 내뱉는 이 말은 흔들리는 불안의 마음에서 파생된, 작고 간절한 감사의 인사가 되어버렸다. 부모님의 투병과 죽음을 목격한 이후, 사람의 부재에 대한 불안은 훨씬 더 예민해졌다. 곁에 있는 사람들마저 잃게 될까 봐, 나는 점점 건강과 남겨진 삶에 대해 예민해졌다. 나 역시 몸을 제대로 돌보지 못하면서, 가족의 몸 상태 하나하나에 신경이 곤두섰다. 여전히 담배를 끊지 못하는 남편에게 화가 났던 날이 있었다. 어느 새벽, 남편이 거친 기침을 할 때 나는 담배 때문만으로 화가 난 게 아니었다. 정작 건강을 돌보지 않는 무심함, 가족에 대한 배려가 보이지 않는 모습에 화가 치밀었다. 그러나 숨어 있던 나의 진짜 감정은, 사랑하는 존재를 잃을까 봐 미리 걱정하는 두려움이었다. 평생 아토피로 고생하는 동생의 피부 상태가 안 좋아졌을 때, 걱정이 앞서 피부에 좋은 화장품을 사서 일방적으로 보낸 적도 있다. 아이가 열이 오르고 응급실에 실려 가던 날, 온몸이 떨리는 긴급한 순간 속에서도 나는 불안의 그림자와 끝없이 싸워야 했다. 우연히 들려온 누군가의 부고 소식에도 마음이 늘 쓰였다. 직접 찾아가지 못하더라도, 작은 조의금으로나마 마음을 전한 적도 있었다.

상실을 겪고 나면, 불안은 더 자주, 더 깊이 찾아온다. 우리는 세상이 더는 안전하지 않다는 사실을 알게 된 것이다. 언제든지, 어디서든지, 모든 것이 사라질 수 있다는 것을 배운다. '또 잃게 될까 봐'라는 두려움이 슬그머니 고개를 드는 것이다. 불안은 단순한 걱정이 아니라, '다시는 겪고 싶지 않은 고통'을 피하려는 마음의 방어다. 불안은 어디서든 나타날 수 있지만, 결코 이유 없이 찾아오지는 않는다. 그 감정의 뿌리는 대부분 '잃을까 봐', '실패할까 봐', '외면당할까 봐'라는 여러 방면으로 자라난다.

잃어버린 시간 이후, 불안은 한층 더 깊어지고, 또 다른 불안으로 이어진다. 불안은, 어쩌면 우리가 그만큼 무너지고 싶지 않다는 가장 절박한 마음의 표현일지도 모른다. 그러나 불안은 없앨 수 없다. 우리가 할 수 있는 것은 그 불안을 어떻게 안고 살아갈지를 배우는 것이다. 불안은 이겨 내는 것이 아니라, 동행하는 감정이다. 불안이 올라올 때마다 나는 자신에게 묻는다.

"지금 내가 그렇게 두려워하는 것이 정확히 무엇이지?"
"그 걱정이 정말로 일어날까?"

이 두 가지 질문만으로도 마음의 속도가 조금 늦춰지는 기분이 든다. 불안의 부정적인 에너지를 억누르기보다는, 그 안에 숨은 감정을 알아차리고 살짝 다른 쪽으로 방향을 돌리려 한다. 두려움이 몰려올 때는 그 자리에서 오래 머무르지 않기 위해 의식적으로 애쓰기도 한다. 삶의 에너지를 불안에 모두 내어주긴 싫지 않다. 그래서 오늘도 불안한 우리는 그저 조용히 견딘다.

불안은 끝없이 이어진 계단을 오르는 꿈처럼 되풀이된다. 발이 사라진 듯 두려운 마음의 상태에서도, 우리는 한 걸음을 내디딘다. 불안이 완전히 사라지지 않더라도, 그 무게를 품은 채 앞으로 나아갈 수는 있다.

아직, 불안이 그리는 최악의 순간은 오지 않았다.
그래서 우리는 오늘도 계단 위의 한 걸음을,
두려움 속에서 용기 내어 내디뎌 본다.

感情盞

감정잔

잃어버린 감정 스케치

불안

끝이 보이지 않는 두려운 마음에 용기를 내는 기회

Q. 상실 후, 나를 가장 불안하게 만드는 것은 무엇인가요?

_____

Q. 불안이 내 마음을 덮을 때, 가장 먼저 흐릿해지는 것은?

(예시: 판단력, 말투, 나에 대한 믿음, 시간 감각)

→ 불안이 덮어버린 나의 감각 중 하나를 떠올려 보세요.

_____

Q. 불안을 견디기 위해, 할 수 있는 일은?

당신의 하루 속에서 불안을 잠시 내려놓을 수 있었던 순간을 떠올려 보세요.

감정7

되감기 버튼이 고장 난 기억
죄책감

감정 스케치 '죄책감'

"돌이킬 수 없는 순간을 마음속에서 수백 번 되감지만, 아무리 반복해도, 그 장면은 다시 살아나지 않았다."

웹툰『노견일기』로 잘 알려진 정우열 작가는, 반려견 '풋코'를 스무 살에 안락사로 떠나보낸 후 펫로스 증후군을 겪었다. 상실의 시간을 통과하며, 비슷한 아픔을 겪는 이들과 공감하고 나누기 위해 그는 그림을 그리고 강연을 한다. 〈한국일보〉와의 인터뷰에서 그는 이렇게 말한다.

"사람은 완벽하지 못하고 실수도 하며 이를 고쳐 나가며 살아가요.

그러니 반려동물에게 잘해 주지 못한 자책감에 너무 시달리지 않았으면 해요."

그는 반려동물과 함께한 시간, 그리고 떠난 후에도 행복했던 기억을 지키는 것이 중요하다고 강조한다. 최근 반려동물을 키우는 사람이 많아지면서, 이별의 상실을 겪는 이들도 늘고 있다. 이른바 '펫로스 증후군'은 반려동물을 잃은 이들이 겪는 슬픔과 우울, 무기력감 등을 아우르는 말이다. 어린아이가 사랑하던 반려견의 죽음을 겪고 상담센터를 찾을 정도로 우울증을 겪는 일도 있다. 반려동물과의 이별은 단지 동물의 죽음이 아니라, '가족의 상실'이 되어 우리의 삶 속에 깊게 각인된다. 펫로스를 겪는 사람들은 말한다.

"바빠서 자주 놀아주지 못했고, 혼자 둔 시간이 많았어요."
"조금만 더 일찍 알아차렸다면, 덜 아프게 보내 줄 수 있었을 텐데요."

그들은 눈물을 흘리며 자신을 자책한다. 자책이 반복될수록 떠난 존재에 대한 죄책감은 더 깊어진다. 어쩌면 우리는 이미 지나가 버린 시간을 붙잡고, 되감기 버튼이 고장 난 기억 속을 반복 재생하고 있는지도 모른다.

'그때 내가 그렇게 말하지 않았다면….'

'그날, 조금만 더 관심을 가졌더라면….'

이런 생각은 기억의 재생 버튼을 누르게 한다. 그러나 기억은 재생되지 않는다. 되감기 버튼은 이미 고장 나 있다. 기억은 멈춘 채, 후회로 제자리만 맴돈다. 죄책감은 되감을 수 없는 기억 속에 틀어박혀, 슬픔을 더 오래 붙잡게 만든다.

죄책감은 후회보다 끈질기고, 슬픔보다 집요한 감정이다. 무엇이 잘못되었는지, 언제부터 어긋났는지 우리는 이미 알고 있다. 하지만 가장 고통스러운 건, 그 모든 걸 안다고 해도 다시는 되돌릴 수 없다는 사실이다. 죄책감이 남겨진 사람을 오랫동안 괴롭게 만드는 이유는, 외부의 시선이 아니라 자기 안에서 끊임없이 자신을 비난하기 때문이다. 자신을 이해하지 못하고, 용서하지 못하는 마음이 죄책감에 가두게 만든다. 그래서 우리는 자꾸만 제자리에서 멈춘다. 정말 그것밖에 할 수 없었을까. 조금 더 사랑해 줄 수 있지 않았을까. 끊임없이 자신에게 되묻는다. 죄책감은 되감을 수 없는 기억에 머물러 우리를 오랫동안 아프게 한다.

죄책감에 물들다 보면 자신을 찌르는 말들로 힘들게 된다. 하지만 자신을 몰아세울수록, 잃어버린 시간마저 왜곡되고 상처는 더 깊어진다. 죄책감이란 감정은, 잃어버린 존재를 잊지 않기 위한 마음의 방식이기도 하다. 그만큼 간절히 아꼈고, 놓치기 싫었기에 끝내 표현하지 못한 마음이 죄책감이라는 형태로 남은 것이다. 우리는 조금씩, 죄책감의 덫에서 빠져나와야 한다. 자꾸만 못해 주고 놓쳤던 기억만 꺼내기보다, 그때 최선을 다했고, 서로를 바라보며 안아주던 장면들을 떠올리며 마음을 덜어 내는 연습이 필요하다. 후회의 시간이 아무리 길더라도, 그 시간을 어떻게 기억할지는 우리의 몫이다. 나의 '잘함'과 '못함'을 따지는 것보다, 그 시간에 함께했다는 사실 자체를 하나의 '감사함'으로 받아들이는 자세가 중요하다.

결국, 지나간 후회의 시간을 되돌릴 수 없다면, 함께하고 경험한 시간을 되짚으며 살아갈 의지가 필요하다. 좋지 못한 기억에만 머무르기보다, 덕분에 웃고, 눈을 맞춘 따뜻한 순간들을 떠올리는 것이다. 설사, 좋은 기억이 없더라도, 함께 닿았던 순간을 섬세하게 떠올리며 애도하는 것만으로 지금의 자신을 지탱해 줄 수 있는 큰 힘이 된다.

상실 앞에서는, 모든 평가가 무력해진다. 남는 것은 떠난 존재가 곁에 있었다는 사실, 그리고 그 시간을 사랑했다는 기억뿐이다. 무엇보다 중요한 건, 자신에게 더 가혹하지 않은 것이다. 어떤 이별도, 어떤 상실도 미리 완벽히 준비하거나 잘 마무리할 수 있는 사람은 없다. 사람은 언제나 지나고 나서야, 더 할 수 있었던 것들과 더 건넬 수 있었던 사랑을 뒤늦게 알게 된다. 모든 부족함을 안고도 우리는 살아가야 한다. 이제는 조금씩, 자신을 안아 주는 날들을 만들어가야 한다.

죄책감이 희미해지는 시간이 쌓이고 나면,
우리는 어느 날 문득,
그토록 못났다고 여기던 자신을 이해하게 된다.

언젠가는, 비로소 자신을 용서하게 될 것이다.

感情盞
― 감정잔 ―

잃어버린 감정 스케치

죄책감

끝없는 후회로 가득한 죄인을 다정하게 안아 주는 일

Q. 상실 후, 죄책감을 느꼈던 '그때'의 장면을 떠올려 보세요. 당시 무엇을 놓쳤고, 어떤 마음이었나요?

_____

Q. 그때의 죄책감에 이름을 붙여 보세요.

(예시: 늦은 걱정, 못다 한 다정함, 그때의 무심한 나)

내 죄책감의 이름은: _____

Q. 죄책감에 시달리는 '나'에게 해 주고 싶은 다정한 말

_____

감정 8

낮과 밤이 뒤섞인 창문
무력감

감정 스케치 '무력감'

"빛도 어둠도 아닌 풍경 속에 가만히 앉아 있는 감정.
세상은 움직이는데, 나만 창문 앞에 멈춰 있다."

　어느 날 눈을 떴는데, 자꾸만 다시 눈이 감겼다. 몸을 일으켜 하루를 시작해야 하는데, 이유 없이 모든 것이 버거웠다. 해야 할 일은 머릿속에 가득한데, 마음은 그 앞에 서는 것조차 두려워했다. 가끔은 잠을 많이 자는 날이 있다. 처음엔 피로가 쌓였나보다 생각하지만, 이상하게 푹 자고 일어나도 개운하지 않다. 오히려 몸도 마음도 더 무겁다. 그럴 땐 '이것이 무기력의 시작일지도 모른다.'라는 목소리가 내 안에서 울린다. 개인적으로 무기력이 찾아오면 수면 시간이 늘어난다. 많이 자도 피곤하고, 피곤해서 더 자게 된다. 잠이 도피처가 되고, 아무것도 하지 않는 시간이 자꾸만 길어진다. 무작정 누워만 있고 싶다. 아무에게도 말을 하고 싶지 않고, 움직이지 않는 것이 가장 편하다. 이렇게 몸과 마음이 모두 꺼져버리는 상태, 이것이 바로 무기력이다.

인생에서 가장 깊은 무기력을 겪은 순간들이 있다.

첫 번째는, 대학을 졸업하고 취업에 실패해 1년 이상을 방황하던 시간이었다. 자신에 대한 기대가 무너지고 자신감을 잃었다.

두 번째는, 직장 생활 중 찾아온 번아웃이다. 책임감의 무게와 인간관계의 피로함에 일상은 서서히 닳아갔다. 출근길은 가끔 지옥 같았고, 잠들 수 있는 시간만이 유일한 도피처였다.

세 번째는, 아버지의 암 전이 소식을 들은 날이다. 그 순간부터 삶의 모든 장면이 흔들렸다. 슬픔보다 먼저 밀려온 것은 '이제 무엇을 해야 하지?'라는 막막함이었다.

네 번째는, 아이를 출산한 후 다시 일자리를 찾기까지의 시간이었다. 사회와 단절된 듯한 고립감, 끝없는 돌봄, 일할 시간이 부족하다는 상실감이 겹겹이 쌓였다.

다섯 번째는, 아무리 애를 써도 채워지지 않는 통장의 잔고를 바라보며 느낀 극도의 불안이다. 조금은 편안했던 지난 시절과 달라진 현재의 무게가 무력하게 다가왔다.

그리고 마지막은, 어머니가 돌아가신 후였다. 장례가 끝나고 3년이 지나서야, 나는 본격적으로 무너져 내리기 시작했다.

그날 이후, 나는 아무것도 느끼지 않는 시간을 만났다. 울지도, 웃지도, 사랑하지도 못했다. 아침을 맞아도 어제와 같은 어둠이 마음에 머물렀다. 그냥 멍하니 그리고 우두커니 앉아 있었다. 결국, 무기력을 넘어 무력감이 찾아왔다. 무엇을 해도 소용이 없을 것 같은 마음이 계속 들었다. 잃어버린 존재의 빈자리는, 어떻게 살아도 너는 결국 힘든 삶을 살 것이라고 계속 말해 주었다. 무력감은 극단적인 감정적 좌절감 같은 것이었다. 마치 낮과 밤이 계속되어도 깨어나지 못하는 느낌이다. 하루가 흘러도, 여전히 같은 자리에 있다. 창문을 열어도 낮과 밤이 구분되지 않는다. 햇살은 쏟아지는데, 내 안은 여전히 어둡다.

무력감은 단지 에너지가 떨어진 상태가 아니다. 마음이 방향을 잃었다는, 조용하고 확실한 신호다. 상실은 대상을 잃는 일이기도 하지만, 그 대상과 맺어온 나의 역할, 감정, 삶의 방식이 함께 무너지는 일이다. 그래서 무력감은 무서운 감정이다. 삶의 궤도에서 이탈한 사람처럼 느껴지기 때문이다. 세상은 그대로인데, 나만 다른 시간대에 홀로 남겨진 듯하다. 무력감은 겉으로 보면 아무것도 하지 않는 상태처럼 보인다. 하지만 그 안에는 말할 수 없는 감정의 복잡함이 웅크려 있다. 슬픔, 죄책감, 억울함, 두려움, 체념…. 모든 감정이 가슴속에서 넘칠 듯 부글대지만, 겉으로는 조용하다. 사람들은 나를 보고 말한다.

"너무 심각하게 있지 말고."

한동안, 나는 움직일 수 없는 것이 아니라, 움직일 이유를 잃어버린 상태였다. 모든 것이 가볍게 보이지 않았고, 그래서 심각해질 수밖에 없었다. 그것은 단순한 무기력이 아니었다. 피곤하거나 권태로운 것도 아니었다. 모든 것을 잃고 난 뒤에야 남겨지는, 설명할 수 없는 감정이었다. 마치 세상이 텅 빈 우주 속에 홀로 떠 있는 듯한 감정이었다. 상실의 슬픔은 무력감을 더욱 짙게 만들고, 삶의 의미마저 희미하게 지운다. 살아야 할 이유를 모르겠고, 살 자신도 사라져 버린다. 너무 무거워진 마음은 누구에게도 편히 털어놓을 수 없게 된다. 삶에 대한 의지와 사랑은 쉽게 돌아오지 않는다. 지난해 겨울, 낮과 밤이 뒤섞인 창문 앞에 오랫동안 누워 있었던 적이 있다. 빛은 있었지만, 빛이 아니었고, 어둠은 있었지만, 어둠도 아니었다. 모든 것을 잃어버린 자의 시간은 그렇게 조용히 흘러가고 있었다.

안타깝지만, 무력감의 시간은 아직 끝나지 않았다. 지금도 창문 앞에 누워 멍하니 흘러가는 하늘을 바라볼 때가 있다. 무력함은 한때 나를 덮고 지나간 계절처럼, 언제든 다시 찾아올 수 있는 감정이다. 하지만 이제는 예전처럼 서둘러 일어서려 하지 않는다. 조금씩 나를 일으켜 세우며, 앞이 또렷해질 때까지 조용히 기다린다. 초연해진 마음으로 삶의 기대를 잠시 내려놓은 채, 하루를 천천히 정돈해 본다.

무력함 속을 지나고 있는 당신도 그 감정을 억지로 밀어내지 말고,
천천히, 오직 당신의 속도로 건너가기를 바란다.

언젠가는 반갑게 낮을 맞이하고,
아무렇지 않게 밤을 편안히 보내는 날이 올 것이다.
그리고 반드시, 당신이 스스로
창문을 활짝 여는 순간이 찾아올 것이다.

感情盞
―― 감정잔 ――

잃어버린 감정 스케치

무력감
어디로 가야 하는지 길을 잃었을 때

Q. 무력감 체크 리스트

해당하는 항목에 표시해 보세요.

☐ 자고 일어나도 피로가 사라지지 않는다.
☐ 무엇을 해야 할지 모르겠고, 무슨 감정인지 모르겠다.
☐ 아무도 날 필요로 하지 않는 것 같다.
☐ 해야 할 일 앞에서 숨이 막힌다.
☐ 가끔, 주변과 단절되고 싶어진다.
☐ 내가 누군지 모르겠는 기분이 자주 든다.
☐ "해도 소용없어."라는 말이 자주 떠오른다

Q. 감정 자화상

무력감의 얼굴은 어떤 모습인가요, 한번 그려 보세요.

```
┌─────────────────────────────────────┐
│                                     │
│                                     │
│                                     │
│                                     │
│                                     │
│                                     │
│                                     │
└─────────────────────────────────────┘
```

Q. 무력감에 빠진 나를 가장 잘 표현하는 비유는 무엇인가요?

(예시: 흐린 날의 유리창, 멈춰 선 시계, 딱딱한 침대)

───────────────────────────────────────

Q. 무력감에 시달리고 있는 나에게 내리는 처방전

───────────────────────────────────────

감정9

텅 빈 거리에서 웃는 광대의 슬픔
공허함

감정 스케치 '공허함'

"공허함은 박수도 조명도 없는 무대 위를 걷는 감정.
웃고 있지만, 그 웃음이 닿는 곳은 어디에도 없다."

"허전함이 무언가를 잡았던 느낌을 기억하고 있는 손이라면,
공허함은 무언가를 잡으려고 애써 보았던 손이다."

김소연 작가의 책 『마음사전』에 나온 공허함에 대한 글이다. 모든 감정과 에너지를 쏟아 낸 자리에 남겨진 정적, 아무도 없는 무대 위를 혼자 걷는 기분. 이것이 공허함을 말해 준다. 공허함은 아무도 없는 거리를 혼자 활보하는 광대 같다. 얼굴에 익숙한 분장을 하고, 삐걱거리는 구두를 신고 텅

빈 무대의 거리를 가로지르듯 걷는다. 누구에게도 환영받지 않으면서도, 누군가와 마주칠까 봐 괜스레 자세를 고쳐 세운다. 이미 공연은 끝났는데, 여전히 자신의 역할을 계속해서 이어간다. 말없이 활보하며 아무도 보지 않는 삶의 무대에서 혼자 일상 공연을 진행하는 모습이다. 이는 우리의 공허한 상실의 장면과 닮았다.

병원에서 마지막 인사를 하고 돌아온 날, 집에 들어와 불을 켤 때 느껴지는 낯선 쓸쓸함.
사랑이 떠난 자리에서 혼자 밥을 챙겨 먹는 어색함.
자연스럽게 통화버튼을 눌러 보았다가, 황급히 끊게 되는 순간.
온 마음을 쏟아 쓴 글, 하지만 읽어 줄 이도 나눌 이도 없는 고독한 시간.

사소한 일상이 하나둘 빠져나가면서 삶은 다른 리듬으로 무너져간다. 나름 웃어보지만, 이제 그 웃음을 받아 줄 얼굴이 없다. 그 자리에서 조용히 공허함만 남게 된다. 공허함은 상실이 지나간 자리에 숨을 죽이고 있다. 마치 감정이 한

번 정제된 이후, 조용한 여운만 묻어 있는 얼굴 같다. 많은 이들이 상실을 겪고 나서, 마음이 무너지고, 눈물이 흐르고, 감정이 날것으로 드러난다. 하지만 시간이 지나고 나면, 눈물은 마르고, 말도 줄고, 사람들 앞에서는 아무 일 없었던 것처럼 지내게 된다.

'이제는 좀 괜찮아지려나.'

이때, 조용히 찾아오는 것이 바로 공허함이다. 공허함은 '감정이 사라진 상태'가 아니다. 오히려 너무 많은 감정을 겪고 난 후, 그 감정들을 말로 표현할 힘조차 없어졌을 때, 마음이 잠시 모든 것을 내려놓는 상태다. 상실의 뒤편에서 서서히 따라오는 감정이다.

공허함은 구체적으로 어떻게 오는 걸까. 아끼던 무언가를 잃었을 때, 단지 그것이 없어진 것이 아니라 그것과 함께 내 삶의 일부가 사라진 것을 느끼는 것일지도 모른다. 그래서 공허함은 상실 이후에도 계속 살아가야 한다는 현실에서 오는 감정이기도 하다. 누군가 떠난 후에도 아침은 오고, 일은 해야 하며, 반복되는 집안일은 해야 한다. 이 모든 일상이 이어지지만, 마음속엔 여전히 채워지지 않는 빈 곳이 남아 있다.

잃은 것들이 한꺼번에 몰려와 일상을 흔들던 시기, 나는 문득 이런 생각을 했다.

"앞으로 잘 산다는 것이, 도대체 어떤 의미가 있는 걸까."

질문은 억지로 끌어낸 말이 아니었다. 지나친 감정 소모 끝에 자발적으로 흘러나온 진심이었다. 어차피 모두 죽음을 향해 가는 존재라면, 무엇을 위해 이렇게까지 고민하고 지치도록 애써야 하는 걸까. 겨우 버티고 있는 하루들 위에 감정을 덧입히는 일조차 피곤해졌다. 상실의 시간 속에서, 나는 어느새 세상을 냉소적인 눈으로 바라보고 있었다. "이런들 어떠하며, 저런들 어떠하리."라는 무심한 태도가 마음속에 자리 잡았다. 그것은 해탈함이 아니었다. 허탈함이 차곡차곡 쌓여 결국 공허함이 된 상태였다. 그 공허함은 나를 이상한 무념무상의 해석으로 이끌어갔다.

공허함은 끊임없이 삶의 의미를 묻고, 그 질문으로 우리를 무너뜨린다. 잃어버린 뒤에도 여전히 살아가야 한다는 사실이 막막해서다. 하지만 공허하다고 해서 인생 전체를 부정할 이유는 없다. 텅 빈 마음 하나 때문에, 삶 전체를 잃어버리는 건 너무나 아까운 일이기 때문이다. 공허함이 찾아올수록 지난 시간을 애써 살아온 나 자신에게 조용히 박수를 보내주는 일이 필요하다. 무대가 끝난 뒤, 관객의 박수를 바라는 것이 아니라 나 자신에게 마지막 기립박수를 보내는 것이다. 그 박수는 세상 누구도 대신 칠 수 없는, 오직 나만이 줄 수 있는 작은 위로이자 격려다. 박수 소리는 말이 아니라, '여기까지 잘 버텼다'라고 속삭이는 침묵의 언어다.

공허함이 밀려올 때는, 살아야 할 이유를 조용히 붙잡는 것이 중요하다. 거창한 의미가 아니어도 된다. 지금 내 곁에 가까이 있는 것들을 다시 바라보며, '내가 여전히 살아 있음'을 잊지 않는 것이다. 잃어버린 자리에 무언가를 애써 채우려 하지 않아도 괜찮다. 마음이 허전한 날에는, 어김없이 흘러가는 일상의 평범한 시간에 조용히 몸을 맡기는 것으로 충분하다.

사소한 시간이
비어 있던 마음의 틈을 메워 준다.

그리고 우리는 알게 된다.

완전히 채우지 않아도 비어 있는 마음으로도,
삶은 계속해서 회복되고 있다는 것을.

感情盞

―― 감정잔 ――

잃어버린 감정 스케치

공허함

비어 있는 마음으로 사소한 일상을 살아도 괜찮은 일

Q. 상실 후, 공허함은 주로 언제 느껴졌나요?

(예시: 보고 싶은 사람이 생각났지만, 이제는 연락할 수 없는 사람이라는 사실을 깨달았을 때, 즐거운 일이 끝난 다음 날, 그 일이 마지막이었음을 실감하게 될 때)

―――――――――――――――――――――――

**Q. 공허함이 마음에 밀려온 어느 날,
나의 빈틈을 잠시 채워 준 것은 무엇이었나요?**

(예시: 낮잠, 여행, 생각지 못한 축하)

―――――――――――――――――――――――

온

마음에 닿는 위로는
어떤 모습인가요?

남겨진 자에게 전하는 9가지 진심의 위로

"위로의 순간에는,
화려한 말보다 가만히 곁에 앉아 토닥이는 손끝 하나가
구멍 난 마음을 천천히 메워 준다."

위로1

안쓰럽게도, 아무렇지도 않게
대하지 않을게

  느닷없는 연락, 따뜻한 말 한마디, 가만히 앉아 있는 시간. 이런 것들이 절실히 필요했던 위로의 순간이 있었다. 상실의 무게에 짓눌려 숨조차 제대로 쉴 수 없던 날에는, 누군가가 곁에서 말을 건네주는 것만으로도 고마웠다.

"그런 너는 더 힘들겠지. 오죽했겠어."
"널 생각할 때면, 늘 안타까웠어."

  이 말은 한때 마음을 가장 공감해주는 말처럼 들렸다. 하지만 어느 날부터인가, 더는 마음에 닿지 않았다. 마음이 조금씩 제자리를 찾아가려 할 때쯤, 오히려 나를 다시 무너뜨리기도 했다.

세상에서 가장 조심스러운 감정의 순간이 있다면, 누군가가 위로하려는 마음으로 다가올 때다. 위로는 언제나 다정한 얼굴을 하고 있지만, 때로는 날카롭게 느껴질 때가 있다. 사람 마음은 참 묘하고 간사하다. 같은 말인데도 어느 날은 위로처럼 들리고, 다른 날은 가시처럼 꽂힌다. 분명, 나를 위해 힘든 것을 이해하는 말이지만, 그 속에는 내가 늘 지치고 힘든 사람이라는 전제가 깔려 있다. 조금은 무거운 감정에 젖어 있는 사람, 항상 힘든 일이 일어나는 사람처럼 들려서 마음이 움츠러들기도 했다. 위로를 건넨 한 마디는, '안쓰러움'이라는 감정이 앞선 말이었다. '너는 지금 나보다 낮고 괜찮지 못한 자리에 있다'라는 무의식적인 확신이 깔려 있었다. 결국, 애도는 있었지만, 존중은 사라진 말로 남았다. 마치, 다가온 것 같지만, 동시에 밀어낸 말처럼 느껴지는 모호한 위로가 되어버렸다.

　상실의 시간이 흐를수록, 이전처럼 진짜 감정을 쉽게 꺼내기 힘들어졌다. 나를 바라보는 미묘한 표정과 눈빛, 조용히 흘러가는 분위기, 어디선가 내 사연을 이야기했을지도 모를 누군가의 흔적이 느껴질 때가 많았다. 이 모든 것들이 스스로 조심스러운 짐작을 더 하게 만들어 마음을 닫게 했다.

'안타까운 사람처럼 낙인이 찍힌 것 같아.'
'내가 너무 초라해 보이는 것 같아.'

이런 생각들이 쌓일수록, 마음은 단단한 척, 괜찮은 척을 하기도 했다. 사실은 무너지고 싶고, 아무 말 없이 울고만 싶은 날도 많았다. 오히려 쏟아 내고 싶을 정도로 말하고 싶은 순간도 많았다. 하지만 위로 앞에서는 감정을 숨기고 연기해야 할 것만 같았다. 억지로 감정을 눌러 담은 마음이 하나둘 쌓여 갔다. 반면, 아무렇지 않은 얼굴로 건네는 위로가, 마음을 더 멀어지게 할 때가 있다.

"그래도 다 지나가게 되어 있어."
"다들 한 번쯤은 겪는 일이잖아."

분명, 익숙한 위로의 문장들이다. 틀린 말도 아니었고, 나름의 진심이 담겨 있다는 것도 알았다. 하지만 이상하게도 이 말들은 마음을 자꾸 비껴갔다. 한없이 가볍게만 느껴질 때도 많았다. 지금 내가 겪는 고통이 마치 흔한 일, 누구에게나 일어나는 일, 대수롭지 않은 일처럼 대하는 기분이 들었다. "괜찮아질 거야"라는 말은, 상실을 겪은 이에게 지금의 고통을 스치며 덮어 버리는 말처럼 들릴 수 있다. 미래를 바라보게 하려는 위로였을지 모르지만, 지금의 순간을 애써 외면하는 말처럼 느껴지기도 한다. 결국, 아무렇지 않게 건넨 말 한마디가, 마음을 무겁게 한다.

'이 사람은 내 슬픔의 무게를 받아들일 준비가 안 되어 있구나.'

그렇게 느끼며, 점점 홀로 감정을 삼키는 사람으로 변해 간다.

사람들은 위로의 말을 건네는 것으로 상처를 덜어 줄 수 있다고 생각한다. 적절한 순간, 위로의 말을 꺼내면 마음의 고통이 가라앉을 거라 믿는다. 그러나 실제로 마음을 움직이는 것은 말보다 먼저 닿는 태도다. 감정을 가볍게 넘기지 않고 있는 그대로 인정해 주는 '존중'의 자세이기도 하다. 위로라고 말하면서 너무 안쓰럽다는 듯 바라보거나, 아무렇지도 않게 구는 것은, 오히려 상대의 감정을 함부로 덮게 하는 일이 된다. 결국, 감정에는 섬세함이 필요하다. 이 섬세함은 '존중'에서부터 시작된다.

말은 스쳐 지나가지만,
존중의 태도는 오래도록 마음에 머문다.

상실의 감정을 마주할 때,
말보다 먼저 존중으로 준비할 수 있기를.

위로2

✦

지겹도록 말해도 괜찮아,
언제든 들어 줄게

"사실은…. 정말, 많이 힘들었어."
"그날 이후, 더 힘든 시간이 올 줄은 몰랐어."
"어떻게 살아야 할지, 진짜 막막해."

이 말을 내가 얼마나 반복했는지 모른다. 혼자 중얼거리기도 하고, 가족에게 무심히 흘리듯 말하기도 했다. 가까운 지인 앞에서는 말을 꺼내다 울컥한 적도 있었다. 상황은 조금도 나아지지 않았고, 상처는 여전히 그대로였다. 그런데도 같은 말을 반복했던 이유는, 무너지는 나를 어떻게든 붙들고 싶어서였다. 어쩌면 가장 지겨웠던 것은, 이 말들을 되풀이하고 있는 '나 자신'이었는지도 모른다. 같은 문장을 곱씹고, 같은 장면을 머릿속에서 되돌리고, 슬픔에 빠진 목소리를 속으로 되새기며 하루를 버텼다. 결국, 상실을 겪은 사람은 어느 시기에 이르면, 감정이 넘쳐흘러 말로 범람하는 시기를 겪게 된다.

  한동안 연락이 뜸했던 지인을 오랜만에 만난 날이 있었다. 근황으로 시작된 대화는 어느새 마음 깊은 곳으로 흘러갔다. 내가 조심스럽게 안부를 묻자 그녀는 이렇게 말했다.

"맨날 해결되지 못한 고민으로 똑같지….
  좋지 않은 일을 자꾸 말하는 것도, 누군가에게 미안해지더라."

  한동안 그녀는 일자리와 경제적 상실을 겪고, 사람들과의 관계가 멀어지거나 변하기도 했다. 자신감마저 희미해진 채, 그간의 마음고생이 얼굴에 고스란히 드러나 있었다. 그날 나는 한 가지를 새롭게 알게 되었다. 말을 아끼는 것부터, 마음의 아픔은 더 깊어진다는 사실을 말이다. 그날따라 나는 그녀의 말에 더 깊이 귀 기울이고 싶어졌다. 그래서 말없이 고개를 끄덕이며 공감했다. 이야기 중간에 하고 싶은 말이 떠올랐지만, '지금은 말할 때가 아니야.'라는 생각으로 조용히 듣기만 했다. 집으로 돌아가는 길에 지난 시간, 그녀가 반복했던 이야기들이 떠올랐다. 혹시 나는 그 이야기를 가끔 지겨워하며 흘려듣지 않았는지, 괜히 조언하려는 마음이 먼저였던 적은 없었는지, 그녀의 말 속에 숨은 진짜 마음을 제대로 들어 주었는지 자문하게 됐다.

누군가 같은 이야기를 계속 반복한다는 것은, 여전히 꺼내지 못한 고통이 살아 있다는 신호일지도 모른다. 슬픔도, 아픔도, 말이 많아지는 시기가 있다. 고장 난 마음이 회복되기 전, 우리는 같은 말을 수없이 반복하며 자신을 붙들고, 견디며, 살아 낸다. 그 반복을 지겹지 않게 들어 주는 사람이 곁에 있다는 것은, 얼마나 큰 축복인가. 말없이 고개를 끄덕여주는 자세 하나가, 말 없는 위로의 시작이 되기도 한다. 과연 우리는 누군가의 지겨운 말을, 지겨워하지 않은 채 얼마나 잘 듣고 있는 것일까. 진심으로 듣는다는 것은, 결국 가장 따뜻한 위로의 첫 단추가 된다.

"그 얘기, 나 전에 들은 적 있어."

누군가는 이렇게 말을 끊지 않는다. 상실의 고백 앞에서,

대화를 돌리지도 않는다. 그냥 고개를 천천히 끄덕이며 끝까지 들어 준다. 조용한 끄덕임에는 생각보다 많은 울림이 있다. 말이 많지 않은 몸짓은, 감정을 끝까지 받아 주는 자세였다. 고개를 한 번 끄덕이는 데에는 얼마나 많은 마음이 담겨 있는 것일까. 기다려주고, 포기하지 않고, 함께 있다는 신호. 모든 마음이 담긴 끄덕임은 남겨진 이들을 잠시 편안하게 해 준다.

상실의 마음은 처음에는 아무 말도 나오지 않다가, 어느 순간 갑자기 쏟아진다. 그동안 눌러두었던 감정들이 서서히 열리면, 마치 오래 막혀 있던 댐이 터지듯 말이 터진다. 한 번 꺼낸 말은 쉽게 끝나지 않는다. 같은 이야기를 되풀이하기도 한다. 그때의 감정이 또 올라오고, 말하다 울고, 울다가 침묵한다. 그러다 다시 같은 말을 꺼낸다. 감정은 언어보다 먼저 흘러나온다. 그래서 때로는 본인조차 무슨 이야기를 했는지 기억하지 못할 때도 있다. 가장 안타까운 것은, 상실의 감정을 계속해서 듣는 사람이 서서히 지쳐간다는 것이다. 무슨 말을 해 줘야 할지 몰라 막막해지고, 마음속으로 이런 생각을 할 수도 있다.

'이 얘긴 지난번에도 했는데.'
'이제는 좀 잊었으면 좋겠다.'

하지만 진짜 위로는, 이런 생각을 조용히 뒤로 물리는 데서 시작된다. 그저 다시 한번, 고개를 끄덕여 주는 것이다. 감정이 너무 벅찰 때, 누군가 아무 말 없이 들어 주는 순간이 회복의 시작이 될 수 있다.

지금, 당신 곁에서
조용히 끄덕여 주는 사람이 있는가?
없다면, 당신이 그런 사람이 되어도 좋다.

누군가의 반복된 슬픔을 지겨워하지 않고,
끝까지 들어 주는 끄덕임으로
고단한 마음을 살며시 어루만져 준다.

말 없는 작은 움직임이
누군가의 굳은 마음을
조용히 풀어 준다.

위로3

슬플 때마다 망설이지 말고 꺼내, 함께할게

이재명 대통령이 전 성남시장으로 재직 중이던 시절, 한 기자회견장에서 일어난 일화가 있다. 기자회견 도중 한 여성 시민이 그의 옷깃에 달린 노란 리본을 보고 말했다.

"노란 리본 좀 안 달면 안 될까요? 좀 지겨워서요."
그는 조용히, 그러나 단호하게 되물었다.

"어머니 자식이 죽어도 그러실 건가요?"
"내 자식은 다르죠."
"왜 내 자식과 남의 자식이 다른가요. 다 같은 사람입니다."

세월호 참사가 벌어진 지 어느덧 11년이 되어간다. 2014

년의 그 날, 바다는 수많은 생명을 삼켰고, 아직도 돌아오지 못한 아이들의 이름은 노란 리본 위에 남아 있다. 여전히 밝혀지지 않은 진실 속에서, 유가족들은 진상 규명을 요구하고 있다. 그들의 상실은 시간이 멈춘 자리에 머무른 채, 아직도 흐르지 못한 눈물로 고여 있다. 그런데 누군가는 말한다.

"이제 좀 그만하자고. 지겹다."

타인의 고통에 무감한 이 말은, 상실 앞에서조차 타인의 아픔을 외면하려는 잔인한 얼굴이다. 누군가에게는 10년이 지나도 시작조차 할 수 없는 애도이고, 또 누군가에게는 단지 '지겨운 뉴스'가 되어 버린 현실이 안타까울 따름이다.

하지만, 시간이 지나도 슬픔을 함께 꺼내 보고, 조용히 함께 애도하는 이들이 있다. 말없이 노란 리본을 다시 가슴에 다는 사람들, 매년 같은 날 같은 자리에 서서 이름을 부르는 사람들이다. 진심 어린 동행은 말보다 오래간다. 애도는 함께할 때, 비로소 회복이라는 작은 씨앗이 마음에 심어진다. 상실은 결코 지겨운 일이 아니다. 그것은 누군가의 전부였던 삶의 무게이고, 지금도 누군가의 하루를 붙드는 기억이다. 우리는 그 무게를 다 알 수는 없지만, 적어도 외면하지 않는 마음으로 곁에 설 수 있을 것이다.

 사람들은 잊은 척 살아가지만, 슬픔은 기억보다 오래 머문다. 누군가는 시간이 약이라며 위로하지만, 시간이 흘러도 아물지 않는 상처가 있다. 특히 슬픔이 '사라진 대상'에 대한 것이라면 더욱 그렇다. 함께한 시간이 일상 곳곳에 스며든 이였다면, 남겨진 사람의 슬픔은 계속해서 되살아난다. 어김없이 찾아오는 계절 앞에서, 같은 시간대가 반복되며, 익숙한 장면 앞에 다시 떠난 존재가 떠오른다.

 나 역시 부모님을 떠나보낸 지 시간이 꽤 흘렀지만, 상실의 슬픔에서 완전히 벗어나지는 못했다. 부모님의 기일이 다가오면 오히려 마음이 덤덤해질 때도 있다. 하지만 정작 나를 깊이 슬프게 하는 것은, 단순히 이별했다는 사실 때문이 아니다. 돌아가시던 무렵의 차가운 기억과 내가 기댈 곳 없이 외롭게 남게 되었다는 것을 새삼 깨닫는 순간이다. 작년 겨울은 유난히 상실의 슬픔이 깊었다. 일상이 온통 슬픔에 잠식되었고, 멍하니 누워 지내는 날이 많았다. 겨우 아이를 돌보며 간신히 이어가던 나날이었다. 슬픔이 크게 밀려올 때는, 나조차 감당할 수가 없었다. 가끔은 부모님에 대한 그리움을 남편에게 조심스레 털어놓기도 했다. 남편은 내 이야기에 귀 기울이려 애썼고, 잘 들어 주기도 했다. 하지만 시간이 흘러도 끝나지 않는 내 슬픔 앞에서, 점점 그도 지쳐 가는 듯 보였다. 들어 주고는 있지만, 마치 감정의 바깥에서 듣고만 있는 느낌이 들었다. 아마도 어떻게 반응해야 할지 몰라서였을 것이다. 감정을 다루는 것이 어려운 사람에게는 듣기조차 쉽지 않은 일이었을 테니 말이다. 하지만 상태가 점점 깊은 우울로 빠져들 무렵, 나는 그에게 진심으로 도와달라고 호소했다. 남편도 마음이 아팠을 것이다. 하지만 그에게서 가끔 차가운 외면이 느껴졌다. 끝나지 않은 나의 깊은 슬픔을 매번 마주하는 시간은 꽤 어렵고 힘들었을 것이다. 그를 진심으로 이해하면서도, 달래지지 않는 나의 마음은 오랜 시간 말없이 울고 있었다. 돌이켜보면, 그 모든 시간 속에서 나에게 필요했던 건 '그렇게 힘들면 병원에 가 보라'는 말이 아니었다. 슬픔을 조용히 꺼낼 수 있도록, 먼저 손을 내밀어 주는 한 사람의 마음이었다.

슬픔은 나누면 줄어드는 감정이 아니다. 함께 '들여다보는' 감정이다. 누군가의 아픔에 조용히 머물러 주는 태도는 어떤 말보다 깊은 위로가 된다. 상실을 겪은 사람에게 필요한 것은 해결책이 아니라 '곁'이기 때문이다. 슬픔을 대충 얼버무리거나 빨리 잊으라고 다그치는 말은 마음의 문을 더 닫게 만든다. 남겨진 사람의 옆에서 슬픔을 함께할 때, 비로소 상실의 고통 속에서도 살아갈 용기를 얻는다. 때로는, 슬퍼하는 이에게 슬픔을 조심스럽게 물어볼 수 있는 용기가 필요하다. 아무런 질문도, 반응도 없는 침묵은 애써 외면하려는 마음의 태도일 수 있다.

우리에게는 슬픔을 들어 줄 사람들이 필요하다. 그들은 대단한 조언가일 필요도, 마음을 치유하는 전문가일 필요도 없다. 함께 '슬픔을 외면하지 않고 꺼내 보는 용기'를 가진 사람, 이것이면 충분하다. 애도가 필요한 순간, 누군가와 슬픔의 결을 다시 나누는 일은 잠시나마 아픔을 걷어 주는 진짜 위로가 된다.

"나도 거기에 있어."

남겨진 사람의 슬픔에 이렇게 다가설 수 있다면,

그보다 더 인간적인 위로가 있을까.

위로 4

잠시 아무 말 없이 토닥여줘도 될까

"잘 자라, 우리 엄마. 앞뜰과 뒷동산에."

어느 날 밤, 자장가 속 호칭이 달라졌다. 평소엔 내가 아이에게 불러 주는 노래였지만, 그날만큼은 아이가 나를 위해 부르는 자장가였다. 불안정한 음정, 서툰 말투, 그런데도 이상하리만치 마음 깊은 곳을 건드렸다. 그날 아이는 조용히 다가와 내 가슴 위에 고사리 같은 손을 올렸다. 그리고 익숙한 리듬으로 토닥이기 시작했다.

'토닥토닥'
아무 말도 하지 않고, 내 가슴 위로 몇 번의 토닥임을 전했다. 나는 그 손길에 울컥했고, 끝내 아무 말 없이 눈을 감았다. 그날이 유난히 힘든 하루였기 때문이다. 체력은 바닥나 있었고, 생활은 현실의 무게로 주저앉아 있었다. 아이 앞에서는 아무렇지 않은 척했지만, 속은 텅 비어 있었다. 삶의 여러 가장자리에서 금이 가고 있었다. 잃어버린 하루의 균열을 알아차린 것처럼, 아이는 아무 말 없이 내게 다가와 토닥여 주었다. 생각해 보면, 아이의 작은 손길은 '무의식적인 위로'였다. 말로 위로를 건넨 것도 아니고, 눈물을 닦아 준 것도 아니다. 다만, 작은 손이 건네는 묵묵한 토닥임은 마음 깊은 곳에 닿았다. 어쩌면 위로란, 이렇게 '말보다 조용한 몸짓'에서 시작되는 것인지도 모른다.

우리는 상실을 겪을 때, 위로하고 싶어 말을 꺼낸다.

"힘내."
"이제 좋은 일들만 생길 거야."

하지만 때로는 말들이 상처를 가볍게 스쳐 간다. 상실은 말로 메워지지 않기 때문이다. 슬픔은 너무 깊어서, 언어가 감당하지 못하는 순간이 있다. 그럴 때, 말보다는 토닥이는 손길 하나가, 눈빛 하나가, 함께 있는 자리 하나가, 더 가까운 위로가 된다.

   힘들어하는 사람 앞에 선 우리는 종종 무언가를 해야 할 것 같은 조급함을 느낀다. 무슨 말을 해야 할지 몰라 어설픈 위로를 쏟아 낸다. 하지만 이런 말들이 오히려 마음을 멀어지게 만든다. 위로는 말로 해결하려는 것이 아니라, 그 감정의 자리에 함께 머물고자 하는 마음과 태도에서 비롯된다.

   잠시 침묵하며 눈시울을 함께 붉혀 주는 것.
   어깨에 손을 얹고, 토닥여 주는 것.
   무언의 포옹으로 인사를 대신에 하는 것.
   손을 따스하게 잡아 주는 것.
   따뜻한 눈빛으로 나를 알아봐 주는 것.

   작은 움직임들이 슬픔을 전부 덜어 주지는 못해도, 혼자가 아니라는 마음을 심어 줄 수는 있다. 조용한 손길이 말보다 진심으로 다가오고 오래 남기도 한다. 어쩌면 우리는 그런 손길 하나를 기다리며 살아가고 있는지도 모른다. 토닥이는 손길에는 말이 필요 없다. 손끝에 담긴 온기와 마음이 서로에게 전해진다. 아이가 울 때도, 어른이 울 때도, 결국 가장 먼저 다가오는 것은 조용한 손길이다. 누군가의 등을 두드려주는 행위는 단순한 신체적 접촉이 아니라, 상대방의 마음을 안아 주고 공감해 주는 일이다.

   어머니가 호스피스로 옮겨가시기 전날, 1년 넘게 함께한 병원 간호사들과 마지막 인사를 나누는 시간이 찾아왔다. 어머니를 살갑게 챙겨 주시던 한 간호사와 눈이 마주친 순간, 나도 모르게 눈물이 쏟아졌다. 모두 아무 말도 없었지만, 우리는 서로의 눈물로 마음을 전했다. 그녀는 말없이 나를 조용히 안아 주었다. 아주 조심스럽고 가벼운 손길로 내 등을 쓰다듬었다. 아무 말도 필요 없는 순간이었다. 오히려 말하지 않았기에 진심이 선명하게 전해졌다. 그날의 짧은 안녕과 침묵 속 위로는 오랫동안 내 마음속에 따뜻한 기억으로 남아 있다. 오늘도 여전히 그때의 말 없는 온기를 잊지 못한다.

   위로의 순간에는,
   화려한 말보다 가만히 곁에 앉아 토닥이는 손끝 하나가
   구멍 난 마음을 천천히 메워 준다.

위로5

네 마음, 이제야 조금은 알 것 같아

    회사를 퇴사하고, 일자리 하나 없이 백수로 지낼 때 이상한 해방감을 느꼈다. 그러나 시간이 지날수록 알 수 없는 불안감이 커졌다. '나의 자리는 비어 있다'라는 생각에 자꾸만 작아지는 기분이 들었다. 그러던 중 아이를 낳고, 최선이라 믿으며 부업 같은 사업을 시작했다. 공간을 렌탈해 주는 1인 창업이었다. 사업을 처음 시작할 때만 해도, 예전처럼 매달 월급이 들어오는 날을 다시 꿈꾸는 철없는 바람이 있었다. 하지만, 초창기 사업은 기대만큼 잘되지 않았다. 그때 처음으로 '1만 원의 소중함'을 절실히 느꼈다. 월마다 통장에 찍히던 월급에 익숙했던 내가, 월세를 매달 걱정하며 돈 한 푼이 아쉬운 날들을 견디고 있었다.

"그래도 월 백만 원 정도는 벌지 않아?"
"아무리 회사가 힘들어도, 다닐 때 돈 많이 모아둬. 월 백만 원도 정말 큰돈이더라."

이 사업을 자세히 모르는 사람들의 질문에 나는 늘 비슷한 대답을 건넸다. 그때마다 '아니야'라고 굳이 증명할 필요도 없었지만, '응'이라고도 매번 자신 있게 대답하지 못하는 씁쓸함도 있었다. 어느 날, 알고 지내던 한 선배가 다니던 회사를 그만두게 되었다. 시간이 지나자 그녀는 이렇게 말했다.

"매달 찍히던 월급이 제일 그리워. 요즘은 내가 아무것도 아닌 사람이 된 것 같아."
네가 예전에 한 말들을 이제야 조금은 알 것 같아."

공감의 한마디가 다른 사람의 입에서 나왔을 때, 시원하면서도 고마운 마음이 동시에 밀려왔다.
'지금이라도 마음을 나누어 주어서 고마워요.'
사람은 겪어보지 않으면 모른다. '겪지 않아도 알 수 있다'

라고 말하는 사람도 있지만, 그것은 무모한 추측일 뿐이다. 안타깝게도, 사람들은 똑같은 경험을 하며 살지 않는다. 자신도 비슷한 상황을 겪어 봐야, 비로소 상대의 처지를 더 이해하고 진심으로 공감할 수 있다.

하지만 우리는 모두 다른 인생을 갖고, 전혀 다른 고비를 맞이한다. 겪어 보지 못한 일 앞에서 많은 말들이 '겪은 척' 하며 흉내를 낸다. 그런 말들이 진짜 위로인 양 건네지는 현실이 때로 불편하게 느껴질 때가 많다. 특히 누군가를 떠나보낸 사람 앞에서는 더욱 그렇다. 죽음을 마주한 상실은, 겪은 사람만 아는 지독하게 조용하고 무거운 통증이다. 무게감은 수치로 환산할 수 없으며, 말로는 뚜렷하게 설명하기가 힘들다. 고통스러운 감정만 시간을 견디는 얼굴로, 혼자 정적 속에 남겨져 있을 뿐이다. 누군가의 상실 앞에서,

"이제야 네 마음을 조금 알 것 같아."

그 말은 단순한 공감의 표현을 넘어서, 마음을 이해하려는 진심 어린 발언이다. 그리고 조심스럽고 겸손한 위로의

언어가 된다. 이 한 문장에는 겪어 보지 않고도 알고 싶어 했던 마음, 뒤늦게나마 상대의 고통을 가늠해 보려는 최선이 드러나 있다.

살다 보면 우리는 때로 누군가의 상처 앞에서 너무 이른 위로를 건넨다.

"시간이 지나면 좀 나아질 거야.
 너무 많이 힘들어하지 않았으면 좋겠어."

이런 말들은 선의에서 비롯되었을지라도, 무심하게 들릴 때가 있다. 상실은 결코 쉽게 잊히는 감정이 아니다. 그렇기에 가장 먼저 필요한 것은, 상실을 이고 있는 삶의 무게를 함부로 재려 하지 않는 태도다.

누군가의 슬픔에 가볍게 뛰어드는 대신, 비록 늦었을지라도 진심으로 다가가야겠다는 다짐 하나만으로, 남겨진 이에게는 깊은 위로가 될 수 있다. 우리는 타인의 상실을 완전히 이해할 순 없지만, 감정에 조용히 귀 기울이는 태도만으로도 충분히 따뜻한 사람이 될 수 있다. 결국, 위로란, 먼저 말을 건네는 일이 아니라, 마음의 문 앞에 조심스레 서서 기다려 주는 일이다. 상실의 아픔에 다가가려는 조심스러운 헤아림은 언제나 외롭지 않은 위로가 되어 준다.

   살며시 꺼낸 당신의 공감이
   다정한 숨결처럼 스며들어,
   오늘도 누군가의 상처를 조용히 달래 준다.

위로6

힘들지? 많이 애쓰고 있어, 잘 버티고 있어

"힘들지? 많이 애쓰고 있어. 잘 버티고 있어."

흔하게 들릴 수 있는 말이지만, 어떤 순간에는 이 말만큼 마음을 붙잡아 주는 말도 없다. 상실을 겪은 사람에게 건네는 이 문장은 고통을 덮으려는 말이 아니라, 지금까지 견뎌온 날들을 알아주는 인사다. 애썼다는 말에는 '네가 여기까지 살아온 것, 어느 정도 알고 있어'라는 깊은 시선이 담겨 있다. 잃어버린 삶으로 지친 마음을 겨우 꺼낸 한마디에, 사람들은 이런 질문을 던질 때가 있다.

"그래도 그때보다는 낫지?"

이 안에는 날카로운 시간의 잣대가 숨어 있다. 얼마나 지나야 괜찮아지는지를 따지는 말이다. 하지만 상실은 시간 단위로 측정되지 않는다. 어떤 이에게는 1년이 아무 일도 없던 것처럼 흘러가기도 하지만, 또 다른 이에게는 10년이 지나도 여전히 그날에 머물러 있다. 그러니 상실은 '아직도'가 아니라, '여전히'라는 말로 불러야 한다. 여전히 마음에 쓰이고, 여전히 누군가가 그립고, 여전히 무너지는 순간이 있는 것이다.

가끔 떠난 사람의 이름을 중얼거린다. 이름 하나만으로도 마음이 종일 아린다. 어딘가에서 여전히 그리워하고 있다는 것을, 나 스스로 확인받고 싶은 마음이다. 이때, 누군가가 다가와 이렇게 말해 주면 얼마나 좋을까.

"그동안 얼마나 힘들었니.
그래도 너니까 여기까지 잘 버틴 거야."

매일 들어도 전혀 지겹지 않을 것 같은, 오히려 정겨운 말이다. 하지만 이상하게도 이토록 따뜻한 말을 내게 건네준 사람은 많지 않았다. 마음을 겨우 보이려 하면, "나도 힘들어"라는 아우성만 가득할 때가 많았다. 그래서 정작 깊은 마음의 이야기는 자리를 찾지 못하고, 언제나 주변만 맴돌았다. 사실 누군가가 먼저 내 마음을 건드려 주길 바랐다. 묻지 않아도, 말하지 않아도, 마음을 대신 말해 주는 사람이 있기를 바랐다. 아마 그런 사람을 만난다는 건 살면서 흔히 주어지지 않는 행운일 것이다. 어떤 사람은 나를 보며 '위로받고 싶어 안달 난 사람'이라고 생각할지도 모른다. 솔직히 말하자면, 나는 지금도 위로받고 싶다. 그만큼 마음이 힘들다. 아직도, 많이 아프다.

사람들은 상처 입은 이가 먼저 자신의 감정을 말해 주기를 기다린다. 하지만 마음이 무너진 사람에게는 그조차도 쉽지 않다. 감정이 넘칠 때야 겨우 몇 마디를 쏟아 낼 수 있지만, 상대의 건조한 표정을 마주하면 다시 입을 닫게 된다. 상처를 품은 마음은 더욱 조용해지고, 깊숙이 숨어 버리기도 한다. 말보다 앞서는 위로는 결국 '공감'이다. 감정을 감싸 안는 눈빛과 태도, 묵묵히 함께 느끼려는 마음의 연결에서 시작된다. 때로는 함께 울어 주는 것보다 담백하게 "정말 많이 애썼다."라는 한마디가 마음에 와 닿을 때가 있다. 이 말에는 '당신의 고통을 작게 보지 않는다'라는 마음이 남겨진 이의 무너진 마음을 다시 한번 붙잡아 준다. 상실을 겪은 사람은 슬픔을 견디는 동시에, 자신이 여전히 남겨진 삶 속에 존재한다는 사실을 스스로 증명하며 살아간다. 이 모든 자체가 치열한 생존이다. 그래서 "잘했어.", "여기까지 온 것만으로도 참 대단해." 그 모든 말은, 눈물과 고통을 알아봐 주는 따뜻한 손길이 되어 줄 수 있다.

우리는 상실을 겪은 사람 앞에서 어떤 말을 해야 할지 몰라 머뭇거린다. 때로는 위로가 상처를 더 깊게 파고들까 봐 두려워, 차라리 아무 말도 하지 않는다. 하지만 상실을 겪은 이들이 정말 필요로 하는 것은 완벽한 말이 아니다. 오히려 "여전히 그립지?", "그래도 잘 버텨 주고 있었네."처럼, 감정을 재촉하지 않고 천천히 다가오는 말이면 충분하다. 이러한 말은 마치 따뜻한 담요처럼 마음을 감싸 준다. 얼어붙은 감정의 틈에 조용히 스며들어 상실의 긴장을 녹여 준다. 물론, 모든 위로의 말들이 완전한 정답이라고는 볼 수는 없다. 가끔은, 준비되지 않아도 괜찮다. 진짜 위로는 '무엇을 말했느냐?'보다, 누군가가 나의 고통을 '기억하고 있다.'라는 사실이 우선이다. 힘든 기억을 함께 하는 마음이 느껴진다면,

남겨진 사람들은 외롭지 않게 오늘도 견딜 수 있다.

상실은 끝난 게 아니다.
조금씩 익숙해지고 있는 끝없는 과정이다.
묻고, 듣고, 건네는 위로는 한 번으로 충분하지 않다.

상실의 시간은 반복되고,
그만큼 위로도 자주 필요할 것이다.

긴 여정 속에 남겨진 이들에게 전하는
깊은 위로를 멈추지 않았으면 좋겠다.

위로 7

운이 없던 게 아니야,
그저 많이 다친 거야

사람들은 불행한 일을 겪을 때 종종 이렇게 말하곤 한다.

"왜 이렇게 나는 운이 없을까."
"왜 하필 나한테 이런 일이 생겼을까."

이 말은 결국, 자신을 향한 비난으로 이어진다. 무언가를 잃고 고통을 겪고 나면, 우리는 자신을 계속해서 원망하게 된다. "내가 더 잘했더라면", "내가 더 챙겼더라면", "조금만 더 버텼더라면." 수많은 가정을 하며 잃어버린 삶을 되짚는다. 하지만 어쩌면 그것은 단지 '운이 없었던 일'이 아니라, '큰 상처를 입은 일'이었는지도 모른다. 조금 더 많이 아팠을 뿐이고, 깊이 다쳐서 무너진 날들을 만났을 것이다. 고통 속에서 살아남는다는 것은 매 순간이 전투다. 고통의 싸움에서 이기지 못했다고 해서 인생 자체가 실패한 것은 아니다.

한동안, 연이은 상실의 시간을 지나며 나 역시 '운'을 원망한 적이 많았다. 굳이 겪지 않아도 될 일을 감당해야 하는 현실에, 몇 번이고 삶을 탓했다. 코로나의 심각한 시기, 나는 임신과 출산의 시간을 깊은 고독 속에서 버텨내야 했다. 직장도, 인간관계도 수없이 변해가며 갈라져 나갔다. 건강을 빨리 잃은 부모님을 모두 떠나보내며, 기대고 싶은 존재조차 희미해졌다. 그 안에서 사랑이 멀어지고, 믿음은 서서히 사라졌다. 쓸모를 잃은 듯한 허무함 속에서 자존감은 무너졌고, 건강에는 적신호가 켜졌다. 돈은 계속 새어 나갔으며, 미래를 향한 의지도 사라졌다. 꿈은 사라지고 목표는 없어진 지 오래다. 마음을 붙일 집이 더는 안식처가 되지 못했고, 웃음이 머물던 자리에는 깊은 공허만이 남았다. 그렇게 나는 총체적 상실의 한가운데 홀로 서 있었다. 그때 내 안을 가득 채운 말들은,

"그동안 아무것도 모르고 편히 살아온 사람",
"죄가 많아 이제 벌을 받는 사람",

"운이 잘 안 따라 줘서 늘 애써야 하는 사람",
"무얼 해도 쉽게 안 풀리는 사람"

이처럼, 가혹한 정의뿐이었다. 심지어 답답한 마음에 찾아간 점집에서 "굿이라도 해야 풀린다."라는 점쟁이의 말을 자주 들었다. 내 불운조차 타인에게 인정받은 듯해, 씁쓸한 웃음을 지은 적도 있다. 지독하게 운이 따라 주지 않는다고 느껴질 때마다,

"어딜 가나 나는 운이 별로 없어서,
 매일 마음을 비우고 살아야 해."

이런 말을 습관처럼 되뇌기도 했다. 마치 모든 순간을 운의 탓으로 돌리는, 자신을 향한 어리숙한 합리화였다. 하지만 지금 돌아보면, 이 말들 속에는 도무지 감당되지 않는 상처와 얼룩진 마음이 있었다. 오죽 일이 안 풀리고, 잃어버린 것들이 많았으면 그렇게라도 마음을 설명하고 싶었을까. 이런 생각이 들면, 그때의 내가 참 안쓰럽기도 하다.

상실은 시험이 아니며, 감정은 평가받는 대상이 아니다.

단지, 어느 날 당신에게 어떤 일이 일어난 것이다. 그리고 최선을 다했을 뿐이다. 아픔을 견디고, 살아남으며, 여기까지 온 것만으로도 충분히 잘해 왔다. 우리가 상실 앞에서 붙잡아야 할 말은 이런 것이다.

"운이 없던 게 아니야, 그저 많이 다친 거야."

이 한 문장은 단지 위로의 말이 아니다. 삶을 자책하는 사람에게, 자신을 용서할 수 있도록 건네는 작은 위로이기도 하다. 무너진 이에게 '당신의 아픔은 그저 아픔일 뿐'이라고 말해 주는 든든한 인정이기도 하다. 상대의 삶을 평가하지 않고, 겪어 온 고통을 섣불리 판단하지 않는다. "아, 많이 아팠겠구나." 하고 다가서는 마음도 담겨 있다. 상실의 위로는, 말보다 마음이 먼저 다가가, 남겨진 이를 온전히 끌어안고 두둔해 주는 조용한 태도일지도 모른다.

우리는 여전히 수많은 상실을 겪는다. 사랑을, 가족을, 시간과 기회를, 때로는 자신을 잃어버리기도 한다. 그때마다 우리는 운을 탓하고, 자신을 탓하며 되돌릴 수 없는 일에만 매달린다. 하지만 '운이 없어서'라고 자신을 스스로 탓하며 괴로워하는 사람이 있다면, 덤덤한 이해를 건네고 싶다.

"자신을 너무 탓하지 마세요.
 아직 충분히 다 나을 수 없을 만큼,
 많이 아팠던 날들이었을 테니까요."

위로8

괜찮지 않다고 말하는 것이 당연해

마음이 무너지는 시간이 오래갈 때, "괜찮아"라는 말은 좀처럼 입에서 나오지 않는다.

"정말 괜찮지 않아."

이렇게 솔직히 말하고 싶은 순간이 많다. 하지만 결국에는 괜찮다고 얼버무리는 경우가 대부분이다. 괜찮지 않다는 이야기를 꺼내기엔 마음이 너무 무거워 망설이게 된다. 게다가 모두가 힘들다고 말하는 세상에서 내 고통까지 보태는 것이 어쩐지 미안하게 느껴지기도 한다. 아마 많은 사람도 상대방이 "응, 괜찮아."라고 말할 거라 예상할지도 모른다. 그래야 대화가 자연스럽게 흘러가고, 서로의 시간이 덜 심각해지기 때문이다. 실제로, "괜찮아"라는 말을 인사처럼 주고받는다.

  하지만 상실을 겪고 난 후, '괜찮음'이라는 말은 멀게 느껴졌다. 누군가를 떠나보내고, 마음을 잃고, 삶의 중요한 조각이 사라진 뒤의 세상은 '괜찮다'라는 말로는 도저히 설명할 수 없었다. 도대체 언제까지 괜찮지 않은 마음으로 살아야 할지도 알 수 없었다. 개인적으로는, 상실의 아픔을 이 사람 저 사람에게 쉽게 토로하지 않는 편이다. 그런데 단 한 사람 앞에서는 조심스레 마음을 꺼내 볼 수 있었다. 20대부터 알고 지내온 오래된 친구였다. 그녀는 내 인생에서 맞이한 두 번의 장례식에 모두 함께해 준 고마운 사람이다. 직장암으로 오랜 투병 끝에 떠난 아버지, 췌장암으로 세상을 떠난 어머니. 부모님의 이른 죽음으로 삶이 깊이 흔들리던 시기에, 그녀는 늘 조용히 곁에 있어 주었다. 그 시절의 나는 마치 등에 칼을 맞은 듯한 고통을 느끼며 사람들을 피했고, 세상 속으로 숨었다. 그런 나를 묵묵히 지켜봐 준 사람이 바로 그녀였다. 그녀의 배려 깊은 성품 덕분도 있지만, 그녀 역시 삶에서 크고 작은 상실을 겪으며 견뎌왔기에, 다른 사람의 아픔을 먼저 알아보는 마음의 눈이 있었던 것 같다. 서로의 무거운 일상으로 자주 연락은 하지 못한 채, 생존 소식만 가끔 주고받은 적이 많았다. 그렇게 서로를 잇는 조용한 끈 하나는, 말없이 각자의 삶을 존중하며 이어져 왔다. 어느 날은 평소처럼 별다를 것 없이 만나, 대화를 나누는 시간이었다. 어머니의 기일이 다가오던 시기였고, 나는 몸도 마음도 많이 지쳐 있었다. 혼자 우는 것에 익숙해져 있던 나는, 그날따라 그녀 앞에서 울컥하고 말았다. 그러자 그녀는 조용히 이렇게 말해 주었다.

"지금까지의 상황에서, 네가 괜찮을 리가 있겠니….
괜찮지 않은 게 당연해."

이 말은 다정하게 위로하려는 말투도, 애써 긍정하려는 태도도 아니었다. 오히려 덤덤했고, 그래서 더 깊이 가슴에 와닿았다. 억지로 설명하지 않아도 괜찮다는 느낌. 얼마나 아팠는지, 어디까지 무너졌는지를 굳이 말로 꺼내지 않아도 괜찮다는 안도감마저 들게 했다. 그녀의 말이 특별했던 이유는, 위로하려 작정하지 않았기 때문이다. 괜찮다고 말하지 않았다. 시간이 해결해 줄 거라는 흔한 위로도 하지 않았다. 대신 지금의 상태를 있는 그대로 바라봐 주었다. "힘들 수밖에 없다"라는 말 안에, 내가 감추려 했던 감정들을 다시 안아 주었다.

살다 보면, 힘들다고 말하는 일 자체가 얼마나 어려운지 알게 된다. 그래서 많은 이들이 괜찮은 척하며 하루를 넘긴다. 이런 상황에서도 마음을 꿰뚫는 사람, 겉으로 말하지 않아도 알아주는 사람이 있다는 것은, 상실을 겪는 이들에게 무엇보다 큰 위로가 된다.

오늘도 상실을 견디는 이들에게 말해 주고 싶다. '괜찮지 않다'라는 고백은 약함을 드러내는 것이 아닌, 감정을 숨기지 않겠다는 용기이다. 무너지겠다는 선언이 아니라, 여전히 아파서 괜찮고 싶다는 마음의 외침이다.

괜찮지 않은 오늘도, 괜찮지 않은 마음도
그대로 충분히 당연하고, 존중받아야 한다.
그러니 그 마음을 숨기지 말고 드러내도 괜찮다.

위로9

힘들텐데, 이렇게라도
말해줘서 고마워

힘든 일이 생겼을 때, 우리는 과연 누구에게 이야기를 꺼내게 될까. 아무리 많은 사람이 곁에 있어도, 고통의 속내를 털어놓을 수 있는 사람은 손에 꼽을 정도다. 어떤 사람은 나에게 이렇게 말하곤 한다.

"가끔은 먼저 털어놓아도 됩니다."

이 말을 들을 때면, 마음 한구석이 찔린다. 하지만 동시에, 이런 생각이 불쑥 떠오른다.
'정말 힘들 때 만나서 털어놓고 싶은 사람은 따로 있어요.'
그만큼, 진짜 힘든 일은 아무에게나 말할 수 없다는 것이다. 슬픔이 짙어질수록, 오히려 조심스러워진다. 무너진 마음을 있는 그대로 꺼낼 수 있는 대상이 점점 좁아진다. 그러니 누군가에게 모든 것을 이야기하고 싶은 마음과 말해도 될지 머뭇거리는 마음이 공존한 채 방황할 때가 많아졌다.

  얼마 전, 한 지역 복지관에서 그림책 만들기 수업을 진행했다. 처음 만난 한 선생님은 몸이 조금 불편하셨지만, 첫인상은 무척 씩씩하고 활기차 보였다. 환한 미소로 인사하시고, 누구보다 열심히 참여하시는 모습이 인상적이었다. 하지만 강의 회차가 거듭될수록, 그녀의 글 속에서 예상치 못한 슬픔이 서서히 드러나기 시작했다. 그녀는 장애와 함께 살아오며 불편한 일상을 감내해 왔지만, 그보다 더 큰 아픔이 있었다. 바로, 사랑하는 자식을 먼저 떠나보낸 상실의 시간을 보내고 있었다. 그녀는 자신의 이야기를 그림책 한 권에 담고 싶어 했다. 조심스럽게 이야기를 꺼내며, 말로는 끝나지 않을 고통을 한 줄 한 줄 글에 실어 내려갔다. 문장은 짧았지만, 그 안에는 수많은 눈물과 꾹꾹 눌러 담은 아픔이 있었다. 몇 장의 종이를 넘기며, 나는 그녀가 얼마나 오랜 시간 이야기를 품고 있었는지를 느낄 수 있었다.
  '홀로 담기에는 무거운 이야기를, 이렇게라도 표현해 줘서

고마워요.'

나도 모르게 이 마음이 불쑥 올라왔다. 그녀뿐 아니라, 함께 참석한 일부 수강생이 각자의 아픔을 용기 내어 꺼내 주었다는 것이 감사할 따름이었다. 마음을 나눈다는 것은, 가르치거나 이끄는 일이 아니라, 함께 꺼내어 들여다보는 일이라는 것을 다시 한번 깨달았다. 치유는 누군가의 조용한 용기로 시작되는 것임을 배운 시간이었다.

상처를 나누는 일은 언제나 용기가 필요하다. 상처로 얼룩진 마음을 보이는 순간에는 언제나 망설임과 두려움이 따르기 때문이다. 자신의 아픔을 말로 꺼낸다는 것은, 상처받을 수도 있다는 불안을 감수하는 행위이기도 하다. 그래서 상처를 먼저 말하는 사람은 용감하다. 그 용기를 우리는 당연하게 여기지 말아야 한다. 상실의 이야기를 듣는 것은, 단순히 '듣는 역할'만으로는 부족하다. 어렵게 꺼낸 마음이 외면당하지 않도록, 우리는 '조용히 응답하는 사람'이 되어야 한다. 말을 건넨 사람에게, "말해 줘서 고마워요."라는 짧은 말 한마디가 상대방에게 전할 수 있는 가장 배려 있는 위로일지도 모른다.

요즘 사람들은, 저마다 마음의 문을 조용히 닫고 살아간다. 쉽게 웃지 않고, 의도적으로 침묵하며, 마음을 좀처럼 보이지 않는다. 겉으로는 잘 지낸다고 말하지만, 속으로는 여전히 무너져 있는 사람들이 있다. 사랑을 잃고 조심스레 슬픔을 꺼내는 이들 곁에, 가장 가까이 닿는 위로가 함께 있어야 한다. 기억해 주고, 기다려 주고, 용기에 고마움을 건네는 것이다. 이것이 우리가 할 수 있는 가장 다정한 응답이다.

"분명 힘들었을 텐데, 이렇게 말해 줘서 고마워요.
 앞으로도 힘들 때면, 지금처럼 가끔 제게 말해 줘요."

어떤 위로는 침묵으로 남게 되고, 어떤 위로는 경청으로 맴돌게 된다.
어떤 위로는, '고마움'이라는 말로 피어난다.

누군가 고통을 꺼내는 용기 앞에서, 먼저 고마움을 건네 보자.
닫힌 마음을 자주 열게 해 줄지 모른다.

慰勞篇

— 위로편 —

조용한 상실의 위로사전

그 말은 위로였을까, 아니었을까?

위로사전 안내

이 사전은 빠르게 읽고 지나가는 페이지가 아니라,
한 장씩 마음에 놓아 두는 부록입니다.

상실을 겪는 당신이, 혹은 상실을 겪은 누군가를 마주한 당신이,
잠시 숨을 고르며 펼칠 수 있는 조용한 위로의 기록입니다.

흔히 듣는 '일반적인 위로의 말'이 아닌,

상실의 한가운데에서 세심히 스며드는
'조용한 위로의 말'을 제안합니다.

☐ 일반적인 위로의 말: 상처를 빨리 덮어 주려는 문장
✓ 조용한 위로의 말: 상처 옆에 오래 머물러 주는 문장

☐ 일반적인 위로의 말	✓ 조용한 위로의 말
"시간이 약이야." 감정의 깊이를 고려하지 않은 채, 아픔을 대충 덮어 버리는 말	**"시간이 필요할 거야."**
"다 지나가." 지금, 이 순간의 절실함과 고통이 아무렇지 않다고 여길 수 있는 말	**"지금 충분히 힘들만 해."**
"왜 울어. 그만 울어." 감정을 조용히 강제로 닫게 만드는 말	**"울고 싶을 때, 눈치 보지 말고 울어."**
"다들 겪는 일이야." 고통을 보편화하며 개인의 슬픔을 사소하게 만드는 말	**"너에게 가장 힘든 시간이었구나."**
"그 사람 알지? 더 힘든 사람도 있더라고." 비교를 통해 감정을 축소하는 말	**"너의 마음이 가장 우선이야."**
"그래도 살아야지." 위로가 아니라 책임을 강요받는 듯한 무게로 다가오는 말	**"당장 뭘 하지 않아도 돼."**

온(溫) 마음에 닿는 위로는 어떤 모습인가요?

☐ 일반적인 위로의 말	✓ 조용한 위로의 말
"지금 이겨내면 더 강해질 수 있어." 회복의 과정을 '성과'로 비추어보는 냉정한 말	**"지금처럼만, 잘 버티면 돼."**
"그 사람도 네가 힘들어하는 거 안 좋아할 거야." 슬픔조차 마음껏 느끼지 못하게 만드는, 죄책감을 동반한 말	**"너가 이토록 힘들다는 거, 그 사람도 이해할 거야."**
"혼자 오래 있지 마." 조용히 머무는 시간을 허락하지 않는 말	**"혼자 있고 싶을 땐 충분히 그렇게 지내."**
"힘들 때 언제든지 연락해." 상실의 상처가 깊은 사람은 먼저 손을 내밀기 어렵다는 것을 간과한 말	**"내가 가끔 안부를 물을게. 힘들면 굳이 답하지 않아도 괜찮아."**
"혹시 그 드라마는 안 보는 것이 좋을 거야. 네가 보면 슬퍼할 것 같아." 슬픔을 피하게 하고, 감정을 불편해한다는 인상을 주는 말	**"그 드라마의 내용이 네가 겪은 일과 비슷하더라. 너 마음을 더 생각하게 됐어."**

조용한 위로의 말이

당신이 누군가에게 건네는 작은 손길이 되기를 바랍니다.

生

생

다시 살게 하는 문장은 무엇인가요?

남은 삶을 이어가게 하는 단단한 회복의 말

"가장 무너지는 순간, 가장 강한 힘이 자란다.
이 힘은 단단한 회복이 되어
탄탄한 인생을 살게 한다."

문장1

아픔은 결국 단단해진다

"상처는 빛이 들어오는 자리다."

– 루미

누구에게나 아픔은 찾아온다. 나이가 들수록 그 사실을 절감하게 된다. 힘듦과 상처는 반복되며, 반복이 곧 삶의 일부가 되기도 한다. 그러나 이러한 삶의 이치를 깨닫지 못한 채, 유독 슬픔을 꺼리는 사람들이 있다. 행복만을 좇고, 어두운 감정은 외면한다. 인생이 잘 풀리지 않는 이들, 우울해 보이는 이들을 멀리하며 그들에게서 얻을 것이 없다고 여긴다. 겉으로 빛나 보이는 삶을 좇고, 여유 있어 보이는 사람들과 어울리는 것이 안전하다고 믿는다. 하지만 아픔 없는 사람도, 아픔 없는 인생도 없다.

아픔을 끝까지 겪어낸 사람만이 그 아픔을 길로 삼는 지혜를 발견한다. 타인의 고통도 깊이 들여다볼 수 있게 된다. 아픔의 경험은 단순히 부정적인 감정으로 버려지는 것이 아니다. 아픔의 시간을 통해 치유의 과정이 전개되며 내면이 단단해진다. 한층 성숙해진 삶을 살아갈 수 있다.

잃어버린 뒤에 밀려든 아픔은 쉽게 아물지 않는다. 겉은 멀쩡해 보여도, 속은 스치기만 해도 아린 상처로 남아 있다. 상실의 상처는 완전히 아물기 힘들다. 하지만 분명한 것은 있다. 잃어버린 존재에 대한 소중함을 새롭게 깨닫고, 상처받은 마음이 제자리로 돌아가는 법을 배운다는 것이다. 아픔은 지워지는 게 아니라, 상처 난 부위가 서서히 아물며 회복되는 것이다. 반복되는 아픔 속에서 우리는 조금씩 견디는 힘을 키워간다. 삶의 회복을 위한 내성이 만들어지는 것이다. 그동안 나는 어떤 아픔을 지니고 살아왔는지 돌아보게 되었다. 사소한 것에서부터, 누구나 알아볼 만한 큰 아픔까지 다양했다. 매일 아프다고 느꼈던 건, 그 아픔이 자주, 그리고 크게 찾아왔기 때문일지 모른다. 이미 아물지 못한 상처 위에 또 다른 상처가 덧나기도 했다. 때로는 깊이 곪아

버려, 오래도록 고통 속에 머물기도 했다.

  22살 대학생 때, 직장암 간 전이로 배에 복수가 찬 아버지의 낯선 모습을 보고 곧 아버지를 잃을 것 같은 공포감에 오랜 시간 시달렸다. 결혼식을 하던 날, 나는 마냥 행복할 줄 알았다. 하지만 어머니 옆 아버지의 빈자리 하나가 온 마음을 먹먹하게 했다. 매해 명절이 되면, 아버지 없이 어머니와 남동생과 함께 보내는 시간이 알 수 없는 외로움을 불러와 빈 바람처럼 가슴을 시리게 했다. 아버지라는 한 사람을 떠올리는 일만으로도 상처들이 겹겹이 쌓였고, 그 아픔은 평생을 따라다니며 가슴에 멍을 들게 했다. 홀로 과부의 삶을 살아온 어머니를 떠올릴 때마다 마음이 저릿하다. 평생 극심한 불면증과 불안감 속에서 지내온 어머니의 아픈 마음은, 어쩌면 병을 키워 온 씨앗이었는지도 모른다. 그렇게 찾아온 췌장암은 가족 모두에게 충격의 아픔을 안겨 주었다. 하필이면, 누구도 원치 않는 암이라는 병을 만난 부모님의 고통을 곁에서 지켜보는 동안, 나 역시 마음 깊은 곳에서 오랜 시간 아픔의 병에 시달렸다. 마음의 상처가 건드려진 날이면, 주체할 수 없는 눈물이 터지곤 했다. 어머니와 함께 한 병원 생활은 매 순간이 불안으로 덮인 걱정의 시간이었다. 그 걱정 끝에는 언제나 아픔이 기다리고 있었다. 아픔이 깊이 번진 채 지내던 어느 날, 마침내 어머니마저 떠나셨다. 감당할 수 없는 고통이 걷잡을 수 없이 밀려왔다. 그렇게 내 안에는 쌓인 아픔들이 차곡차곡 눌려 있었다. 아이를 낳고 키우면서 나의 아픔은 뾰족한 통증으로 이어졌다. 아이를 키우며 지내는 날들 속에서, 사라진 부모님의 자리는 나를 가장 외롭고 우울하게 만들었다. 부모님이 계셔도 육아는 힘들다는 사람들의 말은 내 귀에 잘 들어오지 않았다. 그건 도움의 손길이 필요한지 아닌지의 문제가 아니었다. 그 존재가 지금 함께 있다는 사실 자체가 중요했다. 그리고 존재의 자리는 생각보다 크고 깊었다.

처음에는, 부재의 아픔을 참는 것이 익숙했다. 울음을 삼키는 것이 가장 어른스러운 태도라 믿었다. 하지만 상실은 억제한다고 사라지지 않았다. 어느 날은 버스를 타고 가다가, 또 어느 날은 대화 도중에 불쑥 터져 나오는 울컥함에 나 자신도 놀랄 때가 많았다. 누구에게도 시원하게 털어놓지 못한 채, 겉으로는 아무렇지 않은 척 굴며, 마음에는 서서히 멍이 들기 시작했다. 그렇게 지내던 어느 날, '내가 참 많이 아프구나' 하고, 내 안의 목소리를 가만히 들어 준 날이 있었다. 처음에는 힘들어하는 내가 미치도록 싫었다. 그러다 문득, 마음이 연민으로 바뀌었고 나만의 조용한 치유가 시작되었다.

내 마음을 인정해 주는 시간을 허락하고, 삶을 탓하지 않는 것이었다. 어느덧, 아픔도 조금씩 방향을 틀기 시작했다. 마음을 붙잡고 싶어 펼쳐 든 책 속 문장의 힘, 정신을 돌리기 위해 선택한 바쁜 하루 일정, 핸드폰에 남겨진 지난 시간의 감사함, 그리고 나를 사랑해 주었던 존재들의 기억들…. 모든 것들이 지나온 묵은 감정을 조용히 다독여 주었다. 시간이 흘러도 상처는 완전히 사라지지 않는다. 하지만 아픔이 묻은 자리는 새살이 돋듯 조금씩 견딜 만해진다.

지금도 여전히 아프지만, 예전처럼 날카로운 고통만큼은 덜어졌다. 아픔이 밀려올 때면 이제는 담담히 받아들이고 다시 마음속에 내려놓을 수 있게 되었다. 지나온 삶의 아픔은 새로운 상처를 마주할 수 있는 내면의 힘이 되어 주었다. 오랜 시간 동안, 아픔이 어떤 감정인지 천천히 알게 되었다. 그리고 아픔을 겪는 자신을 조금씩 이해하고 포용해

주고 싶다는 마음이 강해졌다. 이제는, 지금도 아픔으로 살아가는 누군가의 마음에 눈길을 건네고 마음을 기울이고 싶다. 어느 순간부터, 사람들의 괜찮은 얼굴 속에 가려져 흐느끼는 아픔이 눈에 먼저 보이는 것만 같다.

아픔이 겨우 나아질 즈음, 나는 또 다른 아픔을 맞이하게 될 것이다. 하지만 이제는 예전처럼 도망치듯 피하지 않는다. 아프고 싶지 않지만, 적어도 외면하지 않고 아픈 마음을 조용히 마주하며 말없이 치료해주고 있다. 그렇게 내 안의 작은 마음 의사가 되어 간다.

잃어버린 아픔이 지나온 자리마다,
단단해지는 내가 자라고 있다.

문장2

많이 잃을수록 더 깊이 품은 것이다

"당신이 깊이 슬퍼한다는 건, 그만큼 깊이 사랑했단 뜻이다."

— 엘리자베스 2세 여왕

    우리는 잃지 않고는 알 수 없는 마음을 품고 살아간다. 삶의 어느 시기에 흘려보냈을 일들이, 잃고 난 뒤에는 마음 깊이 각인된다. 비슷한 상황도, 익숙한 말도, 스쳐 지나쳤던 일상조차 어느 순간부터 잔상처럼 남는다. 심지어 예상치 못한 일로 마음이 흔들릴 때, 지난 시간을 돌아보며 무엇을 후회하고 필요한 것인지를 깨닫게 된다. 결국, 무언가를 잃어버리고 나서야 마음 깊이 품게 되는 것들이 선명해진다. 사라진 것들은 우리에게 '진짜 소중한 것'이 무엇인지 조용히 들여다보게 한다.

한때 나는 물건을 자주 잃어버리곤 했다. 바쁜 일상 속에서 정신없이 움직이다 보니, 작은 실수쯤은 누구나 겪는 일이라며 쉽게 넘겼다. 특히, 블루투스 이어폰처럼 항상 주머니나 가방 속에 들고 다니는 물건을 몇 번이나 잃어버렸다. 처음에는 당황하고 아쉬워했지만, 이내 "또 사면 되지."라는 말로 자신을 달랬다. 잠깐 후회는 남았지만, 같은 물건을 다시 사서 채우는 일은 그리 어렵지 않았다. 그렇게 '잃어버림'은 일상이 되었고, 무언가를 잃는 일에 점점 무뎌지고 있었다. 잃는 실수에 관대해지는 것은, 생각보다 무서운 일이었다. 어느 날, 청소하다 말고 문득 시선이 멈췄다. 화장대 서랍 구석에서, 예전에 쓰던 가방 안 주머니에서, 하나씩 짝을 잃은 블루투스 이어폰들이 먼지를 뒤집어쓴 채 발견되었다.

그제야 정신이 퍼뜩 들었다. 이것은 단지 물건의 낭비가 아니라, 무심한 삶이 만든 흔적이었다. 아무렇지 않게 지나친 '관대함'이 결국 반복된 상실을 낳은 것이다. 이 연속된 상실은 고스란히 내 삶의 구멍으로 남아 있었다. 어쩌면 상실은 꼭 외부에서 당하는 일이 아닐지도 모른다. 때로는 스스로 실수를 반복하고, 무심함에 관대해진 채 중요한 것을 흘려보내는 의도된 방임 속에서 시작하는 것일 수도 있다.

나 역시 그래왔다. 잃어버린 물건들 하나하나가 단지 바쁨 때문만은 아니었다. 작은 것들을 대하는 무심한 태도는, 결국 중요한 것을 대할 때도 같은 방식으로 스며들었다. 놓쳐도 괜찮다고, 다시 채우면 된다고 생각했다. 애써 가볍게 넘기던 마음의 버릇은 언젠가 돌이킬 수 없는 것을 잃고 나서야 깨닫게 되었다. 목표를 향해 나아가는 과정에서도 안타까운 상실은 피할 수 없었다. 새로운 해를 맞을 때마다, 마음속에 우선순위를 세우고 이것들을 실천하기 위해 애썼다. 하지만 시간이 흐르며 작은 나태함이 쌓이고, 현실에 대한 구차한 변명이 늘어갔다. 어느 순간, 목표도 방향도 잃은 채 의미 없는 시간을 헤매고 있었다. 나는 무엇을 위해 애쓰던 사람이었는지, 무엇을 간직하고 싶었는지도 잊은 채 그냥 살아 내는 하루를 반복할 뿐이었다.

그렇게 아무렇지 않게 흘려보낸 것들이, 알고 보니 가장 중요한 것들이었다. 사소하고 익숙하다는 이유로 스쳐 지나간 순간들, 가볍게 여겼던 말들과 표정들, 그리고 정작 마음속에서 깊이 아껴야 할 사람마저 무심히 흘려보내고 있었다는 사실을 오랫동안 알아차리지 못했다. 그러다 어느 날, 소중한 사람을 완전히 잃고 나서야 '잃는다는 것'이 얼마나 무섭고 무거운 감정인지를 비로소 깨달았다. 이 거대한 슬픔이 마음에 얼마나 깊은 흔적을 남기는지도 알게 되었다. 다시는 살릴 수도, 되돌릴 수도 없는 상실 앞에서 이런 의문이 들었다.

'왜 소중한 것들을 제대로 붙잡지 못했을까.
 왜 잃고 나서야 그토록 간직하고 싶은 걸까.'

정작, 내 마음조차 이해할 수 없어 한참 동안 혼란스러웠다. 잃은 만큼 후회가 남았고, 후회의 자리를 곱씹으며 오래도록 멈춰 서 있었다. 시간이 흐르면서 분명해지는 것이 있다. 잃고 나서야 오래도록 잊지 않을 것이 무엇인지 알게 된다는 것이다. 그리고 우리는 그것들을 가슴 깊이 품은 채 인생을 살아간다. 어쩌면 이 깨달음이 우리가 모두 배워 가는 상실의 방식인지도 모른다. 오늘도 사라진 것들의 문턱 앞에서 수많은 후회의 감정으로 허덕일 수 있다. 하지만 후회에는 한때 영원할 거라 믿었던 사랑도, 뜨겁던 열정도, 말 한마디에 담긴 다정함도 함께 들어 있다. 이 모든 것들을 잃고 나서야 우리는 더 절실히 마음에 간직한 채 살아간다. 잃어버린 삶은 되돌아보는 시간을 자주 갖게 한다. 그리고 넓은 마음으로 포용할 줄 알고, 깊은 감정도 느낄 수 있는 사람이 되어 간다.

우리가 견뎌 온 모든 이별과 상실은 단지 사라진 것이 아니라, 무언가를 깊게 그리고 다시 품기 위한 마음의 준비이다. 잃어버린 뒤에야 인생에서 진짜 소중한 것들을 알게 되고 놓치지 않기 위해 노력한다. 삶을 대하는 태도는 더 진중해지고, 마음은 더 견고해진다.

인생은 잃고 후회하며 배워 가는 여정이다.
그렇기에 더 사랑하게 되고,
더 진심으로 남겨진 삶을 껴안게 된다.

문장3

무너진 게 아니라 잠시 웅크린 것이다

"완전히 바닥까지 떨어졌을 때,
그 자리가 오히려 내 삶을 다시 세우는 단단한 기초가 되었다."

― J.K. 롤링

    임신하면서 가장 자주 보던 장면이 있다. 바로 초음파 속에서 웅크리고 있는 아기의 모습이다. 가끔은 얼굴이 어렴풋이 보이기도 하고, 어느 날은 조그만 주먹 하나가 또렷하게 잡히기도 한다. 곤히 잠든 것처럼 조용할 때도 있고, 장난을 치듯 손가락을 움직이며 노는 듯한 날도 있다. 어두운 엄마의 공간 속에서 아기는 세상이라는 환한 곳으로 나올 준비를 하고 있었다. 그 모습을 볼 때마다, 나는 문득 아기의 마음이 어떨지 상상하곤 했다. 혹시 두렵진 않을까. 낯설고 거대한 세상을 마주할 막연한 불안이 있진 않을까. 하지만 동시에, 웅크림은 곧 펼쳐질 삶을 위한 준비처럼 느껴졌다. 이 생각은 내가 한동안 주저앉아 있던 시간을 다시 바라보게 해 주었다.

  가끔 구부정한 어깨로 걷고 있으면 남편이 조용히 뒤에서 내 어깨를 펴 줄 때가 있다. 자세가 흐트러져 있으니, 바로 잡아 주려는 작은 시도였다. 최근 몇 년간, 유독 어깨가 자주 내려앉았다는 것을 자주 느꼈다. 오랜 시간 글도 쓰고 앉아서 컴퓨터 업무를 하는 탓도 있었겠지만, 그보다 더 정확한 이유는 마음속에 있었다. 아이를 어린이집에 보내고 돌아온 어느 날, 어질러진 거실을 멍하니 바라봤다. 예전 같으면 바로 일어나 정리했을 텐데, 몸이 이상하게 움직이지 않았다. 편안한 소파가 아닌 식탁 의자에 앉아, 양다리를 끌어올린 채 잔뜩 웅크린 자세로 앉아 있었다. 눈앞 창문 너머로 보이는 아파트 단지를 흐릿한 시선으로 바라보다가, 어느 순간 시야도 마음도 흐려졌다. 하루하루 최선을 다해 살아내고 있음에도, 왠지 모르게 나를 잃어가고 있다는 느낌은 좀처럼 지워지지 않았다. 무언가 지워지고, 빠져나간 듯한 공허함 속에서 계속해서 웅크리고 있었다. 점점 더 작아지고, 점점 더 안으로 말려들었다.

"등원시키고 나면, 좀 누워서 쉬어. 잠도 자고."

얼굴에 피곤이 그대로 묻은 나를 보고 남편이 조심스레 말했다. 하지만 누워 있는 시간조차 아까웠고, 머릿속에는 정리되지 않은 일들이 끝없이 떠다녔다. 소소한 일상은 쉴 틈 없이 이어졌고, 늘 같은 자리에 웅크린 채 앉아 있었다. 그때 내게 정말 필요했던 것은 단잠이 아니라, 뿌옇게 낀 마음이 조금은 개는 것이었다. 갑자기 닥쳐오는 일이 아니더라도, 이미 오래전부터 해결되지 않은 감정이 어깨 위에 무겁게 쌓여 있었다. 몸도 마음은 이미 녹아내릴 정도로 지쳐 있었다. 그때 친구가 내게 건넨 말이, 지금까지도 잊히지 않는다.

"남들은 조금씩 나눠 소진하는 삶의 에너지를
 너는 몇 해 사이, 마음을 한꺼번에 써야 했던 일들로 모두 쏟아 버린 것 같아."

친구가 무심히 던진 말이 이상하게 깊이 박혔다. 마치 내 삶 전체를 예리하게 진단하는 말처럼 들렸다. 감정은 무거웠고, 마음은 늘 텅 빈 것 같았다. 가끔은 뱃속의 태아처럼 아무것도 책임지지 않아도 되는 안락한 공간으로 되돌아가고 싶다는 생각마저 들었다. 분명한 것은, 눈은 떠 있었고 살아는 있었다. 허둥지둥 하루를 살아내고는 있었지만, 마음 한가운데 설명할 수 없는 구멍이 뚫려 있었다. 늘 쓸쓸했고 공허했다.

지금 돌이켜 보면, 모든 것이 단순히 지쳐 힘든 것은 아니었다. 수년간 쌓여 온 크고 작은 상실의 조각들이 결국 삶의 숨구멍을 하나씩 막아 온 것이다. 그때, 나는 잃어버린 것들이 한꺼번에 무너져 버린 인생을 산다고 느꼈다. 모든 게 되돌릴 수 없을 만큼 부서졌고, 다시 일어설 수 없을 거라 믿었다. 상처는 생각보다 깊었고, 몸은 계속 지쳐갔다. 홀로 남겨졌다는 생각에 마음은 점점 더 닫혀갔다. 한동안 몸을 제대로 펴지 못한 채, 겨우 숨만 쉬며 지냈다. 바깥세상과 나 사이에 투명한 벽이 생긴 것 같았다.

하지만 그 안에서 웅크린 채 자신을 지키려 애썼다. 누군가는 그 시간을 '무너져서 우울한 삶'이라 말할지도 모른다.

하지만 단순한 붕괴가 아니었다. 너무 아파서 잠시 멈춰 있었을 뿐이다. 웅크림은 상처받은 마음이 조용히 자신을 돌보는 자세였다. 무너짐이 아니라, 다시 세상으로 나아가기 위한 용기 있는 준비이기도 하다. 나름 살기 위해 애쓰는 시간이었을지도 모른다. 아무리 힘들어도 다시 일어서고 싶은 마음이 가득한 순간이었다.

우리는 안타깝게 흘려보낸 기회 앞에서, 조금씩 줄어드는 자신감과 사라져가는 자존감 앞에서, 무너져 내리는 순간을 맞이한다. 소중했던 관계가 끊어지고, 애써 모은 것을 잃은 날에는 주저앉아 아무것도 하지 않고 싶어진다.

"끝났네, 이제."

이런 말을 되뇌며 스스로 회복 불가능한 삶을 정의해 버리기도 한다. 극심한 절망과 무기력 속에서 마음은 끝없이 가라앉는다. 하지만 아무리 무너진 듯한 상실의 시간이 찾아오더라도 인생은 그렇게 쉽게 끝나지 않는다. 우리는 단지, 아파서 잠시 주춤한 것이다. 무너진 게 아니라, 마음이 지쳐 잠시 웅크린 것이다. 시간이 흐르면, 믿기 어려울 정도로 어제보다 숨쉬기 나은 하루가 찾아온다. 그리고 아주 조금씩 숨을 돌리고 다시 살아 내기 시작한다.

  상실로 인해 움츠러든 마음은 계속된 절망이 아니다. 생존을 위한 본능이며 회복을 위한 태도다. 때로는 무릎을 꿇고, 때로는 엎드려 울면서도 우리는 아주 천천히, 다시 살아갈 힘을 찾아낸다. 초음파 속 아기의 모습처럼 작고 여린 몸짓이지만 세상 밖으로 나가려는 강인한 의지가 숨어 있다. 그러니 지금 당신이 무너졌다고 느끼고 있다면, 이렇게 말해도 괜찮다.

  '잠시, 웅크리고 있을 뿐이야.'

다시 살아가려는 마음이 숨을 고르며 움직이는 중이다.
우리는 말없이, 그러나 분명한 생의 힘으로
조금씩, 다시 앞으로 나아갈 수 있다.

문장4

*

그냥 견디는 일, 이게 진짜 용기다

"어쩌면 살아 있는 것 자체가 용기일지도 모른다."

– 세네카

길을 걷다 문득, 폴짝폴짝 뛰는 한 아이가 눈에 들어왔다. 얼굴에는 환한 미소를 머금고, 뭐가 그리 좋은지 쉬지 않고 뛰며 놀고 있었다. 처음에는 한 걸음을 높이 뛰더니, 이내 넓이를 넓혀 멀리도 뛰기 시작했다. 그 모습을 바라보는데 갑자기 이런 생각이 들었다.

'오늘을 뛰어넘고, 다른 날이 빨리 왔으면 좋겠다.'

나에게 유독 피하고 싶은 날이었다. 마음이 쉽게 가라앉지 않았고, 작은 일에도 숨이 턱 막혔다. 아이처럼 가볍게 오늘을 뛰어넘고, 견딜 필요 없는 내일로 훌쩍 건너갈 수 있다면 얼마나 좋을까. 인생에도 그렇게 간단한 점프 구간이 있다면 좋겠다는 생각이 들었다. 하지만 오늘을 견디지 않으면, 내일은 오지 않는다는 것쯤은 이미 알고 있었다. 삶은 점프해 지나가는 것이 아니라, 걸어서 통과해야 하는 구간이기 때문이다.

인생에는 건너뛸 수 있는 장면이 없다. 무엇 하나 빼먹을 수 없고, 어떤 고통도 생략되지 않는다. 기쁨도, 슬픔도, 후회도, 결국은 그대로 통과해야만 다음의 터널로 넘어갈 수 있는 것이다. 무언가를 잃고, 누군가를 떠나보내는 시간을 건널 때, 모든 순간에 필요한 것은 '그냥 견디는 일'이다. 이 시간은 피할 수 없고, 아무리 아파도 반드시 지나가야만 한다. 그래서 더 아프고, 더 괴롭다. 피할 수 없다는 사실이, 견뎌야만 한다는 현실이, 오히려 절망처럼 다가온다. 하지만 슬픔을 피할 수 없다면 적어도 슬픔을 머물게 해주는 시간이 필요하다. 마음이 부서질 듯 아파도, 고통을 안은 채 하루를 지나가게 해야 한다. 그것이 바로 '살아 내는 일'이다.

"참아야지."

"조금만 더 견디자."

 우리는 이런 말을 자주 한다. '참는다는 것'은 감정을 억누르는 일이다. 하고 싶은 말을 하지 않고, 울고 싶은 마음을 억제하는 것이다. 반면, '견딘다는 것'은 감정을 외면하지 않고 그대로 껴안은 채 살아가는 일이다. 참는 것이 순간의 억제라면, 견디는 것은 삶의 태도다. 견디는 태도는 무너지지 않게 자신을 붙잡는다. 말없이 하루를 살아 내는 것이다.

 버티고 견디는 것은 나약한 일이 아니라, 어쩌면 가장 용기 있는 일인지도 모른다. 하지만 이 사실을 인정하기까지 나는 꽤 오랜 시간이 걸렸다. 한때는 견디는 것만으로는 아무런 가치가 없다고 믿었다. 아무것도 하지 않은 채 멈춰 있는 상태. 마치 제자리에서 맴도는 일이라고만 여겼다. 견디는 것을 무기력이 계속 이어진 상태쯤으로 여겼다. 혹은, 아무 의미도 없이 조금은 무식하게 하루를 막아서며 살아가는 일이라 생각했다. 하지만 이 모든 생각을 뒤로 한 채, 견디는 일은 쉽게 할 수 있는 일이 아니라는 것을 느끼기 시작했다. 가끔은 무너진 채로 보내기도 하고, 무너지지 않으려고

이 악물며 애쓰는 날들이 교차했다. 분명한 사실은, 이 모든 과정은 정말 어렵다는 것이다. 잘 지내고 싶은 삶의 용기가 없다면, 결코 해낼 수 없는 일이기도 하다.

상실의 그늘 안에서, 날마다 견디는 일은 가장 끈질긴 인내를 요구한다. 하루가 버거운 무게로 쌓이고, 아무 일도 일어나지 않지만, 마음은 자주 무너진다. 하지만 우리는 무너짐을 끌어안은 채, 다시 눈을 뜨고, 다시 밥을 먹고, 다시 걷는다. 모든 반복은 누구에게도 눈에 띄지 않지만, 이 속에는 가장 치열한 삶의 의지가 숨어 있다. 의지를 포기하지 않고 가져가는 것이 견디는 삶의 용기다.

"오늘 아무것도 못 했어. 생각할수록 짜증 나고 힘들어서."

여전히 주어진 하루를 잘 보내지 못한 것 같은 기분이 들 때가 있다. 심지어 아무 일도 일어나지 않았는데도, 모든 것이 걱정스러운 날이 있다. 이럴 때는 가만히 있는 것 외에는 할 수 있는 게 없다. 그래서 하루를 망쳤다는 생각에, 무의미하게 보냈다는 자책에, 자신을 깊은 괴로움으로 빠뜨리게 된다. 하지만 상실의 후유증은 결코 쉽게, 그리고 빨리 사라지지 않는다. 누군가를 잃고, 삶의 일부를 잃어버리는 일은 단지 과거의 사건이 아니다. 그 안에서 피어난 감정은 이후의 삶 곳곳에 스며들고 흔적을 남긴다. 상실을 견디는 일은 늘 같지 않다. 버텨 낸 날들이 쌓이다 보면, 어느 날 '오늘은 좀 괜찮았어.'라고 말하게 되는 순간도 온다. 마음속에 파도가 치는 것을 느끼며 하루를 통과하는 것. 그렇게 잃어버린 삶을 견디는 것이다. 견디는 것은 가혹한 시간이 아니라, 삶을 포기하지 않으려는 의지가 만들어지는 승리의 시간이다.

버겁고 무거운 하루라도 살아내야 하는 이유는 분명하다. 죽지 못한 채 남겨진 시간은, 결국 살아가야만 하는 시간이기 때문이다. 우리에게 다가온 힘든 시간을 피할 수 없고, 아무리 아파도 지나가야만 한다. 상실의 인생은 묵묵히 걷고, 또 때로는 무릎 꿇고 일어서야 하는 시간이다. 다음 장면으로 넘어가기 위해 우리는 오늘이라는 페이지를 견디며 넘긴다.

견디는 동안, 우리는 조금씩 살아난다.
오늘도 견디고 있는 당신,
그 누구보다도 용기 있는 사람이다.

문장5

죽음이 스쳐간 자리에, 반짝이는 삶을 배운다

"죽음은 삶의 반대가 아니라, 삶의 일부다."

— 무라카미 하루키, 『노르웨이의 숲』

"참혹한 현장에서 사망을 목격하거나 동료 소방관의 순직을 경험한 소방관들은 상실감이 큽니다.
 당시 자신이 조금 더 힘을 내지 못했다는 죄책감을 함께 느끼기도 하지요."

〈제주매일〉 기사에 실린, 소방관 심리상담을 담당하고 있는 한 심리사의 인터뷰 내용이다. 예기치 못한 화재 현장에서 동료의 죽음을 직접 목격한 소방관들이 겪는 트라우마는 상상하는 것보다 훨씬 깊고 심각하다. 제주도소방안전본부는 소방관들이 현장에서 겪는 정신적 외상과 트라우마를 치유하기 위한 심리상담 지원 업무를 더욱 확대해나가고 있다. 그만큼 죽음을 바로 눈앞에서 경험한 사람들이 오랜 시간 동안 상실의 고통에 시달리고 있다는 방증이기도 하다.

"내가 조금만 더 서둘렀다면."
"그때 내가 손을 잡았더라면."
"그때 그 말을 하지 않았더라면."

끝없이 반복되는 죄책감과 자책이 마음 깊은 곳에 스며든다. 이것이 바로 트라우마다. 이 고통은 시간이 흐른다고 쉽게 아물지 않는다. 특히 죽음을 간접적으로 경험한 사람들, 혹은 가까운 거리에서 누군가의 마지막을 목격한 사람들은 자신도 모르게 삶의 감각이 없어지는 시기를 만나게 된다. 숨은 쉬고 있지만 사는 느낌이 없어진다. 눈은 뜨고 세상은 돌아가는데 세상과 무관한 생각이 자꾸 든다. 웃는 것이 미안해지고, 무사한 삶을 사는 자신을 용서하기가 힘들어진다. 이 모든 시간을 오래 겪고 나서야, 삶은 다른 방식으로 다가오기 시작한다. 남겨진 삶을 살아 내는 시간을 가만히 들여다보면, 그 안에는 '당연한 것'이라 부를 수 있는 것이 하나도 없다.

나와 밥 한 끼를 먹고, 차 한잔을 했던 사람들
그저 그런 하루였지만, 딱히 스트레스를 많이 받지 않은 날
경제적으로 넉넉하진 않지만, 아직 멀쩡히 일할 수 있는 몸

이 모든 것이 당연하지 않다는 것을 상실을 겪은 사람은 알게 된다. 죽음을 지나 삶을 다시 바라보는 눈에는 이토록 작고 소박한 것들이 더없이 선명하고 고맙게 빛난다.
누군가는 왜 아직도 그런 사진을 들여다보느냐며 볼멘소리로 나에게 말할지도 모른다. 내 핸드폰에는 임종 직후, 곱게 눈을 감고 있는 어머니의 사진이 있다. 어머니와 생의 마지막으로 함께한 순간, 그 모든 것을 증명해 주는 단 한 장의 사진이다. 죽은 사람의 모습을 바라보는 일이 때로는 나 자신조차 섬뜩하게 느껴질 때가 있다. 그래도 마음이 무너질 때면 건강했던 시절의 사진보다 이 사진을 꺼내어 펑펑 울고 싶어진다. 그 모습은 아팠지만, 내가 마지막으로 손을 잡고 이별을 건넸던 삶의 가장 진실한 현장이었다. 죽음은

모든 것을 숨김없이 보여 준다. 마지막 표정, 마지막 숨결, 마지막 온기. 그 안에는 위선도 허세도 없이, 한 사람이 분명히 존재한다. 어머니의 죽음은 예기치 않게 빨리 찾아왔지만, 임종의 순간만큼은 함께할 수 있어서 그나마 다행이라고 생각했다. 하지만 새벽 내내 이어졌던 거친 호흡의 어머니 모습은 아직도 마음에 묵직한 먹먹함으로 남아 있다. 그 광경은 시간이 흘러도 흐릿해지지 않고 슬픔의 중심에서 맴돈다. 나는 생과 죽음이 갈리는 부모님의 죽음 장면을 가까이서 목격한 이후 죽음에 대한 깊은 트라우마를 겪고 있다. 죽음이 무서운 게 아니었다. 내가 두려워한 것은, 이른 죽음을 또다시 마주해야 할까 봐 사는 것 자체에 미리 겁을 먹게 된 마음이었다. 어느 날, 갑자기 큰 상실이 다시 한꺼번에 몰려오지 않기를 바라는 마음이 생겼다. 사는 동안, 불안은 늘 마음속에 깊게 눌러앉아 있었다.

그러면서도 남겨진 삶을 조금은 덜 아프게, 조금은 더 행복하게 살고 싶다는 간절함이 생겼다. 사소한 것에도 고마운 감정이 저절로 나왔다. 그리고 마음껏 감사함을 표현하며 살고 싶어졌다. 이전에는 아무것도 아니었던 순간들이, 이제는 소중해져서 자꾸만 들여다보게 된다. 이제는, 무엇

하나도 지나치기엔 삶이 너무 귀해졌다.

별일 없는 무료함이 얼마나 행복한 일인지,
무사히 해가 지고, 평온하게 떠오르는 이 당연한 시간이
얼마나 기적인지,
계절마다 바뀌는 삶의 온도와 색채가 얼마나 경관인지,
아이가 잔기침 한번 하지 않고 함께 잠들 수 있는 밤이 얼마나 큰 선물인지,
나를 알아주는 목소리가 들릴 때 얼마나 기쁜지,
누군가의 배려가 왜 이렇게 감동을 주는 일인지,

나열하자면 끝도 없이 이어지는 일상의 귀함이 하나둘 빛나기 시작했다. 죽음은 삶을 앗아가지만, 죽음을 목격한 사람은 상실 속에서 삶을 되돌아보며 감싸게 된다. 이 시간은 분명 오래 걸리는 일이지만 살아 있는 것들을 더 사랑하게 되는 계기가 되어 준다. 잃어버린 삶의 회복은 흘러가는 일상 속에서, 나를 붙잡아 주는 작은 생명의 빛을 알아보는 일이다. 죽음이 지나간 자리에, 삶은 더 고요하고 뜨겁게 피어난다. 삶의 빛은 처음에는 작고 희미하지만, 하루를 귀하게

여기며 살아가게 한다.

  누군가를 잃은 죽음의 공포와 트라우마가 아직도 당신을 흔들고 있는가. 아마도 당신은 더 일찍, 삶의 반짝이는 결들을 알아보기 시작했을 것이다. 죽음 이전의 삶보다 애틋하게, 지금의 삶을 아끼는 사람이 되어 가고 있다. 떠난 사람과 잃어버린 것들에 대한 시련은 어쩌면 반짝이는 인생의 선물처럼 당신 곁에 머물고 있을 것이다.

  빛은 어둠 끝에서 더 또렷해진다.
  살아 있다는 작은 진실이
  끊임없이 당신에게 삶의 본질을 가르쳐 줄 것이다.

문장6

상실은 숨겨둔 강인함을 자라게 한다

"고통 속에서 가장 강한 영혼이 태어난다.
가장 위대한 인격은 상처로 새겨진다."

— 칼릴 지브란

아무리 잘나가고, 무탈한 삶을 사는 사람일지라도 한 번쯤은 완전히 무너지는 시간을 겪게 된다. 겉으로 멀쩡해 보여도, 속으로는 무너진 마음을 안고 하루를 견디는 이들이 많다. 대부분 사람은 무너지는 시간을 딱히 대단한 사건으로 기록하지도 않는다. 혼자서 말없이 넘어지고, 말없이 다시 일어나려 한다. 상실은 예고 없이 맥락 없는 순간에 찾아온다. 누군가의 죽음, 관계의 소외와 끝, 오래 매달렸던 목표나 꿈의 실패, 건강과 젊음의 상실, 퇴사와 퇴직 혹은 설명할 수 없는 상실감일 수도 있다. 겉보기에 아무 일도 아닐 수도 있지만 한 사람에게는 인생을 갈라놓는 결정적인 순간일 수 있다.

　상실을 겪었을 때, 사람은 한없이 약해지고 무력해질 수 있다. 무너지는 감정을 억지로 붙잡을 수도 없고, 그렇다고 완전히 놓아 버릴 수도 없다. 살아야 하기에, 어쩔 수 없이 버티는 힘이 나오기도 한다. 설명할 수 없는 감정의 파동으로 자신도 모르게 작은 단단함이 마음 깊은 곳에서 싹트기 시작한다. 강인함은 겉으로는 잘 드러나지 않는다. 눈에 보이지 않고, 자신도 알아차리기 어려울 때가 많다. 마치 나무의 뿌리가 곧게 뻗어가듯, 강인함은 마음속에 뿌리를 내린다. 그리고 조금씩, 서서히, 천천히 자라난다. 뿌리는 겉으로는 보이지 않지만, 삶이 흔들릴 때마다 자리를 지탱해 주는 보이지 않는 힘이 된다. 건강하다가 갑자기 병에 걸린 사람은 이전에는 미처 몰랐던 삶의 강인한 에너지를 발휘하게 된다. 잃어버린 건강을 되찾고 싶다는 뜨거운 열망은, 때로는 버티기조차 힘든 투병의 시간을 묵묵히 견디게 한다. 심지어 장애를 얻은 이들은 평생 지울 수 없는 허망함과 상실을 품고 살아간다. 그러나 상실 위에서도 주어진 삶을 붙들며, 자신만의 길을 묵묵히 열어 간다. 몸은 아프고 불편하지만, 그 안에서 자라나는 마음은 어느 때보다 강해진다. 회복을 향한 의지는 상실을 겪은 사람만이 가질 수 있는 삶에 대한 확고한 애착일지도 모른다.

사업 실패로 인한 상실감은, 때로 삶의 근간을 뒤흔드는 고뇌의 시간이 되기도 한다. 남동생은 홀로 1인 외식 사업을 시작했지만, 어머니의 암 소식과 함께 찾아온 코로나 시기 속에서 3년 가까이 힘든 시간을 견뎌야 했다. 투병 중인 어머니는, 아들이 겨우 시작한 가게에 지장을 줄까 봐, 병원에 오라는 말조차 잘 하지 않으셨다. 가게 문은 열려 있었지만, 가족이 모두 힘든 시간을 보내던 시기에 동생 역시 마음 한쪽이 늘 무겁고 괴로웠을 것이다. 어머니는 돌아가셨고, 결국 가게도 폐업했다. 가게를 접고, 어머니를 떠나보낸 시간 동안 동생은 연이어 겪은 상실의 고통을 홀로 감내해야 했다. 우리는 서로 너무나 무겁고 슬픈 이야기를 감히 꺼내지 못한 채 조용한 시간을 보냈다. 나 역시 상실로 인해 가장 나약한 모습으로 무너져 있었기에, 동생 앞에서 씩씩한 누나의 모습을 보여 줄 수 없었다. 동생은 한동안 방황했을 것이다. 그 누구보다 가까운 존재였지만, 나는 현실에 지쳐 늘 동생의 안부만 걱정하고, 생각만 하는 날들만 많았다. 더 챙겨 주고 싶은 마음, 부모처럼 품어 주고 싶은 마음만 늘 맴돌았다. 그러던 어느 날, 동생은 다시 가게를 열기로 마음 먹었다. 금전적인 상황도, 시장 분위기도 여전히 좋지 않았지만, 그의 의지는 꽤 강했다. 마지막이라는 각오로 두 번째 가게를 열었고, 지금까지 꿋꿋이 운영하고 있다.

평생 어머니의 울타리 안에서 보호받으며 살아왔던 동생은 상실의 시간을 거치며, 강인한 사람이 되어가고 있다. 여전히 상황은 녹록지 않지만, 동생은 다시 견디고 있다. 버티는 과정에서 이전보다 단단해진 삶의 성장이 시작되었을 것이라 믿는다. 생계를 책임지고, 홀로 살아가야 하는 무게와 고독감을 견디며 조용히 자신의 인생을 만들어 가는 중이다. 내 눈에는 여전히 나약해 보일 때도 있지만, 어쩌면 나보다 더 강한 사람이 되어 있을지도 모른다. 지금까지 아무 말 없이 견디며, 삶의 고비마다 자신만의 방식으로 버텨 낸 동생이 늘 자랑스럽다. 실패를 겪고, 부모를 잃고, 홀로 무너졌다가도 다시 일어나 작은 희망 하나라도 붙잡고 살아가려 애쓰는 그의 모습이 나에게는 강인함의 얼굴로 남아 있다. 말로 다 전하진 못해도, 나는 늘 동생의 삶을 진심으로 존중하고 있다.

"그 일을 겪고 나서, 사람이 아주 단단해졌어요."

이 말은 분명 진실이다. 나 역시 상실의 이전과는 달라진 사람이라는 걸 느낀다. 예전보다 생각은 깊어지고, 마음은 조금 더 차분해졌다. 힘든 시련이 와도, 예전처럼 감정을 무작정 쏟아내기보다, 덤덤하게 받아들이고 인정하게 되었다. 다행이라 여길 수 있는 마음 하나에 기대어, 감사함을 먼저 떠올리려 했다. 상실은 그렇게 나를 무너뜨리면서도 다시 일으키는 법을 알려 주었다.

잃어버린 시간을 건너는 사람에게는 숨겨진 강인함이 반드시 존재한다. 예전과는 다르게 느껴지는 깊이, 말보다 먼저 전해지는 묵직한 기운이 느껴진다. 이 모든 면모는 아픈 시간을 통과하며 스스로 만들어 낸 회복의 결실이다. 상실은 삶의 깊은 바닥에서, 우리가 잊고 지냈던 생의 근력을 있는 힘껏 끌어 올린다.

가장 무너지는 순간, 가장 강한 힘이 자란다.

이 힘은 단단한 회복이 되어
탄탄한 인생을 살게 한다.

문장7

혼자 같아도 상실은 모두의 이야기다

"친절하라,
당신이 만나는 모든 이들은 저마다의 힘겨운 싸움을 하고 있다."

– 플라톤

 상실을 겪지 않는 사람은 없다. 삶은 주로 얻고 채워지는 일들이 눈에 띄지만, 들여다보면 누구나 비워진 삶을 품고 살아간다. 잃어버린 것 없는 인생은 결코 없다. 그런데도 상실의 고통이 밀려오는 순간, 우리는 배신감과 외로움을 동시에 느낀다. 누구에게나 같은 하루가 주어지지만 슬픔은 늘 자신만의 몫처럼 느껴지기 때문이다. 누군가는 평온한 얼굴로 살아가고, 세상은 아무 일 없다는 듯 분주하게 돌아간다. 나만 유독 힘들고 지치는 것 같고, 누군가는 보통의 날을 지내며 평온해 보일 뿐이다. 억울한 시간 속에 홀로 멈춰 고립된 기분마저 든다.

"도대체 어디까지 잃고 살아야 하는 거야?"

상실은 비교할 수도 수치화할 수도 없다. 하지만 우리는 본능적으로 저마다의 잣대로 자신의 상실을 헤아린다.
'왜 나에게만 이토록 큰 무게가 주어지는 걸까.'
억울할 겨를도 없이, 주위를 둘러보면 말없이 견뎌낸 상실들이 사람들 틈에 숨어 있다. 웃으며 잘 지내는 것 같은 사람도, 내색 없이 하루를 보내는 사람도, 저마다 잃어버린 무언가를 가슴에 껴안고 살아간다. 모든 슬픔이 말로 다 표현될 수 없기에, 우리는 각자 말 없는 상실의 속사정을 품은 채 살아가는 것이다. 결국, 상실은 혼자만의 이야기가 아니다. 삶 전체를 흔드는 우리 모두의 이야기다.

1872년에 출간된 『플랜더스의 개』는 영국의 소설가 위다가 쓴, 동물과 자연에 대한 깊은 애정이 담긴 작품이다. 벨기에 플랜더스의 작은 마을을 배경으로, 소년 네로와 개 파트라슈의 순수한 우정과 사랑을 그려낸 아름다운 이야기가 펼쳐진다. 어느 날, 이 책을 구매해 딸아이에게 읽어 준 적이 있다. 이야기가 중반을 넘어갈 무렵, 네로의 할아버지가 병상에 누워 조용히 세상을 떠나는 장면이 나왔다. 책 속 그림에는 네로가 눈물을 머금은 얼굴로 할아버지와의 마지막 인사를 나누고 있었다. 그 장면을 본 아이는 책을 보다가 갑자기 소리 내어 울기 시작했다.

"할아버지 안녕…. 할아버지가 하늘나라에 갔어…."

순간 예상치 못한 아이의 귀여운 반응에 피식 웃음이 나올 뻔했다. 하지만 아이의 계속되는 울음에 다시 마음이 울컥해졌다.

"응, 할아버지가 하늘나라로 먼저 가신 거야.
사람은 누구나 언젠가는 하늘나라로 가.
지금은 슬프지만, 나중에 다시 만날 수 있을 거야."

할아버지의 죽음에 이어 마지막에서 네로와 파트라슈가 함께 하늘나라로 떠나는 장면이 나오자, 아이는 또 한 번 울음을 터뜨렸다. 죽음에 대해 아이에게 어떻게 설명해야 할지 망설여졌지만, 적어도 헤어짐에 대한 슬픔만큼은 작은 가슴에 충분히 전해진 듯했다. 아이의 눈물은 단순한 감정이 아니었다. 누군가를 잃는 일에 대한 본능적인 슬픔이자, 인간으로서 배워가는 상실의 감정이었다. 책 속의 네로가 할아버지를 떠나보낸 것처럼, 우리 모두도 언젠가 사랑하는 사람과 이별하게 된다. 죽음과 이별의 시기는 삶의 끈이 툭 하고 풀리는 것처럼 맥없이 찾아오지만, 결국 이것은 나에게도, 아이에게도, 누구에게도 도달하는 삶의 순간이다. 그날, 아이는 사랑하는 존재를 잃는다는 것이 무엇이고 어떤 마음인지 짐작되었을 것이다. 그리고 나는 아이의 눈물 속에서 다시 상실의 의미를 배웠다. 상실은 결코 한 사람의 일이 아니라는 것이다. 누구나 저마다의 방식으로, 말없이 상대를 떠나보내고 있다. 누군가는 가족을, 누군가는 아꼈던 대상을, 혹은 스스로마저 떠나보낸다. 그렇게 우리는 보이지 않는 상실의 깊은 슬픔을 만나고 느끼며 살아간다.

상실은 때로 혼자만 겪는 일처럼 느껴진다. 하지만 우리 모두가 살아가며 한 번쯤은 마주하게 되는 인생의 이야기다. 그래서 우리는 서로의 상실을 어렴풋이 짐작할 수 있고, 언젠가의 내 아픔처럼 조용히 껴안을 수도 있다. 아마 아이의 눈물 앞에서 내가 울컥한 것도, 바로 그 감정의 고리를 알아차렸기 때문일 것이다. 상실을 견디는 동안, 반드시 기억해야 할 것이 있다. 지금 이 고통의 시간이 나만의 몫이 아니라는 사실이다. 이 순간, 또 다른 누군가도 어딘가에서 말없이 아파하고, 조용히 회복을 시도하고 있을지 모른다. 결국, 우리는 피할 수 없는 상실을 함께 겪으며 살아가는 존재들이다.

지금도 각자의 아픔을 품고,
서로의 상실을 비추며 살아간다.

혼자가 아닌 함께 걷는 길 위에서,
인생은 '상실'이라는 이름으로 우리를 이어 준다.

문장 8

✦

상실은 끝이 아니라
다시 걷는 이정표다

"오직 어둠 속에서만 별을 볼 수 있다."

– 마틴 루서 킹 주니어

세상에서 가장 고요한 순간이 있다. 남편은 출근하고, 아이는 어린이집에 간 뒤, 정적만이 감도는 집 안에 있을 때다. 흩어진 책을 정리하고, 아이 머리를 빗다가 떨어뜨린 고무줄을 주워 담는다. 어제 미뤘던 빨래를 세탁기에 넣고, 싱크대에 쌓인 설거지를 마저 끝낸다. 커피를 손에 쥐고 한 모금 마시는 사이, 집 안에는 조용한 시간이 스며든다. 노트북을 펼치자마자 해야 할 일과 고민해야 할 일들이 눈에 들어온다. 시간에 밀리듯, 오늘도 일상이 나를 끌고 간다. 매일 반복되는 일상은 얼핏 아무 일 없는 하루처럼 보일지도 모른다. 하지만 어쩌면 어제보다 무뎌진 슬픔과 한 겹 벗겨 낸 상실의 흔적이 하루를 대신하고 있을지도 모른다. 우리 앞에 눈을 뜨면 다시 살아야 하는 일상이 펼쳐진다. 상실은 바로 일상 속에서 다양한 얼굴로 우리를 찾아온다. 어떤 날은 흐릿한 기억으로 모든 것이 무뎌진 사람의 얼굴로, 또 다른 날은 어제 겪은 듯 생생한 절망의 얼굴로 찾아온다. 다양한 얼굴을 품은 채, 삶의 시간 속으로 흘러가기도 하고, 멈추기도 하는 반복된 여정을 우리는 살아 낸다.

M. W. 히크먼은 『상실 그리고 치유』에서, 사랑하는 사람을 잃은 후의 삶을 "새로운 나라에 들어선 것과 같다."라고 비유한다. 모든 것이 예전과 같아 보이지만, 이전과는 전혀 다른 빛이 비친다는 것이다. 익숙했던 장소, 얼굴, 시간조차도 상실 이후에는 낯선 감정으로 찾아온다. 뒤엉킨 감정의 실타래는 완전히 풀리지 않지만, 마음 깊은 곳에서는 아픔이 새로운 형태로 삶의 방향성을 잡아 간다.

상실은 우리를 잃어버린 채 홀로 내버려 두는 것이 아니라, 다시 일어서 가야 할 길을 안내해 주는 작은 이정표가 되어 준다. 한번 흔들린 삶의 판도가 서서히 자리를 찾아갈 때, 비로소 우리는 숨을 고르고 다시 살아가야 할 방향을 발견하게 된다. 비록 익숙한 길은 아니지만, 낯섦 속에서 나를 다시 살아가게 하는 진짜 인생길이다. 상실의 시간 동안, 우리는 수없이 인생의 방향을 묻는다. 남겨진 과제를 마주할 때마다, 하나의 이정표와 만난다. 그리고 이정표가 가리키는 길을 따라, 우리는 조심스레 다시 걷는다.

상실이 남긴 이정표 – 잃고 난 후에야 보이는 삶의 방향들

잃어버린 조각	감정	이정표	문구
돈과 물건	초라함, 후회	풍요로움 속 절제의 '길'	"가진 것보다 지켜내는 마음이 풍요로운 삶을 만든다."
역할과 지위	공허함, 무기력	나로 돌아가는 '의자'	"모든 역할을 내려놓은 뒤에야, 비로소 나를 앉힐 자리가 보인다."
신뢰와 믿음	배신감, 혼란스러움	진실과 신뢰의 '문'	"무너진 신뢰 끝에서, 나를 먼저 믿어 준다."
사랑	슬픔, 그리움, 공허함	마음의 빈자리를 품는 사랑의 '그림자'	"이별은 사랑의 끝이 아니라, 사랑을 깨닫게 하는 시작이다."
건강	불안, 분노, 체념	몸과 마음이 맞잡은 '손'	"아픈 몸과 병든 마음을 함께 돌봐야 회복의 길로 간다."

잃어버린 조각	감정	이정표	문구
죽음	죄책감, 슬픔, 절망	영원한 끝이 아닌, 다시 시작 되는 '오늘'	"죽음 이후에도, 오늘은 여전히 살아 있다."
자존감	열등감, 자기혐오	나를 먼저 들여다보는 '거울'	"남의 시선보다, 나의 눈으로 나를 바라볼 때 자존감은 자란다."

　상실을 겪는 모든 사람은 처음에는 길을 잃은 듯 헤맨다. 그러나 깊은 혼란 속에서도, 점차 자신만의 이정표를 찾아간다. 이정표는 눈물 속에서 심어지고 아픔 속에서 세워진다. 하루하루 걸음을 옮길수록, 그 길은 조금씩 '나를 향한' 새로운 길이 되어 간다.

　상실은 모든 것의 끝이 아니다.
다시 살아가는 법을 배우며 시작되는 조용한 시간이다.
견뎌낸 날들만큼, 마음은 깊어지고 삶에 너그러워진다.

　마침내 우리는, 더 다정해지고
경이로운 인생으로 천천히 걸어간다.

말없이 버틴 날들 속에서

당신은 무너지지 않았습니다.

그 시간은 상실을 품은 채

당신을 조용하고 단단하게 빚어낸 날들이었습니다.

이제, 마음의 가장 깊은 끝에서

당신의 진짜 인생이 서서히 열리고 있습니다.

文章錄
―― 문장록 ――

다시 살게 하는 단단한 문장

어떤 말은, 읽는 순간 우리를 다시 살게 합니다.
이제 당신의 문장을 남겨 주세요.

그 문장이 당신의 삶을 다시 일으킬지도 모릅니다.

"나를 다시 살게 하는 문장"

예시)
그리울 때, 눈물 대신 웃음도 짓게 되었습니다.
그때 안 좋았지만, 이제 좋은 것만 남았습니다.
저는 여전히 살아 있습니다.

상실 이후에도, 당신은 다시 살아갈 수 있습니다.
그 시작은 아주 단단한 문장 하나에서 비롯됩니다.

에필로그

남겨진 말 없는 당신에게

오늘도 울고 싶은 마음을 조용히 감추고 있나요?
여전히 후회와 자책, 우울한 감정으로 하루를
버티고 있지는 않나요?

잃어버린 삶을 견디는 지금,
모든 것이 허탈하고 공허하게 느껴지겠지만
그 자리는 결코 텅 빈 채로 남아 있지 않습니다.

사라진 것의 자리를 지키고 있는 것은,
말없이 피어오른 감정들과
그 감정들을 외면하지 않고 끝내 무너지지 않은,
바로 당신입니다.

이 책은 그런 당신의 마음을 닮았습니다.
부서지지 않으려 애쓰며 살아온 날들, 묵묵히 감정을
다독여온 시간을 기억하며,
당신 곁에 조용히 앉아
마음을 대신 말해 주고, 말없이 안아 주고 싶었습니다.

상실은 감추어야 할 무거운 짐이 아닙니다.
슬픔도, 절망감도 드러내지 못할 감정이 아닙니다.

누구에게나 잃어버린 시간은 찾아오고,
우리 모두는 그 시간을 반드시 건너게 됩니다.
상실의 다리를 건너는 동안, 소용돌이치는 모든 감정은
당신이 여전히 살아 있다는 증거입니다.

삶을 얼마나 깊이 사랑했는지를 말해 주는
아름다운 흔적입니다.

남겨졌다는 사실이,
더 이상 혼자라는 뜻이 아니기를 바랍니다.

당신의 인생은
남겨진 또 다른 마음들과 함께 단단하게 이어질 것입니다.

당신의 말 없는 마음이,
이 마지막 페이지 앞에서
가장 따뜻한 위로를 만날 수 있기를 바랍니다.

잃어버린 삶을 묵묵히 견디고 있는 당신,
그 존재만으로도 충분합니다.
지금, 당신은 특별한 삶을 살아가고 있습니다.

작가의 편지

✳

남겨진 딸이 보내는 말 없는 마음

엄마, 아빠. 잘 지내고 계시죠?
몸은 좀 어때요?
이제 더는 항암으로 고통스럽지 않고,
병원에 갇혀 있지 않아도 되고,
마음껏 숨 쉬며 편안하시길 바라요.

저는 그럭저럭 살아가고 있어요.
그런데 어떤 날은, 정말 잘 지내고 있는 건지
저 자신도 잘 모르겠는 날이 많아요.
너무 이른 이별 뒤에 남겨진 삶이
이토록 힘든 줄은 정말 몰랐어요.

왜 이렇게 시간이 지나도 아픔은 그대로일까요.
지겹도록 지치고, 너무 힘들다고…
그만 좀 아프고 싶다고 말해도 될까요?

너무 보고 싶다고,
또 한 번 소리 내어 울어도 괜찮을까요.

'상실'이라는 두 글자는
지난 20년 동안 저를 끊임없이
혼자 일어서라며 밀어냈어요.
어쩔 수 없이, 홀로 삶을 독립해야만 했죠.
그 길은 늘 외롭고, 늘 무겁기만 했어요.
그래서인지 시간이 지날수록,
부모님의 품에 기대고 싶은 마음은
더욱 간절해졌습니다.

편견 없이 저를 온전히 안아 줄 수 있는
그 품이 이렇게 그립고,
이토록 절실할 줄은 정말 몰랐어요.

그리고 가끔 상상해요.
제가 날개가 있다면, 그걸 달고 하늘로 날아가
엄마, 아빠를 언제든지 만나러 가고 싶어요.

딱 한 번만이라도 전화 통화를 하고 싶고,
따뜻한 밥을 함께 먹으며
예전처럼 소소한 이야기를 나누고 싶어요.
날씨 좋은 날엔 아빠와 여행을 가고,
팔짱 끼고 영화도 보고, 전시회도 다니고 싶어요.
그저 함께 있다는 것만으로
마음이 환해졌던 그 시간들을
다시, 한 번만이라도 꼭 만나고 싶어요.

언제 들어도 힘이 되는,
든든한 아빠의 인생 조언도 듣고 싶어요.
엄마가 정성껏 차려 주던 따뜻한 집밥도, 잔소리도
매일 그립습니다.

며칠 전, 당신들이 한 번도 보지 못한 예쁜 손녀가

저와 함께 목욕을 하며
고사리 같은 손으로 제 등에 조심스레 비누거품을
칠해 주었어요.
그 순간, 예전 엄마와 함께 목욕하던 그때가 떠올랐고,
그리움의 마음을 다시금 조용히 담가 보았습니다.

당신들이 사랑하고 그리워할 사위도 잘 지내고 있습니다.
이번 생에서, 그는 제게 없어서는 안 될 귀한 사람입니다.

잃어버린 것들이 참 많은 삶이지만,
그 속에서도 제게 남겨진 게 하나 있다면,
그건 누구보다 애틋했던 '사랑'입니다.
저는 사랑이 참 많은 사람이었더군요.

여전히 인생은 두렵고 외롭지만,
제게 남겨 주신 깊은 사랑 하나로
남은 시간을 천천히 감싸고 베풀며 살아가 보려 해요.
그 '사랑'으로 남겨진 삶을 더 사랑하며 살고 싶습니다.

험한 인생의 길을 잘 걸어갈 수 있도록
응원의 힘을 주세요.
잃어버린 시간을 견디며
인내하고 감사하며 살 수 있는 지혜로운 힘을
제게 허락해 주세요.

혹시 하늘에서
저와 남동생이 무너져 우는 모습을 보게 된다면,
부디 걱정은 마세요.
우리는 또다시, 견디며 살아갈 테니까요.

언제나 보고 싶고, 사랑합니다.
그리고, 다시 만나요.

2025년, 당신이 남겨 준 자리에서
오늘도 묵묵히 살아 내는 딸이